A Paixão Segundo a Ópera

Coleção Debates
Dirigida por J. Guinsburg

Equipe de Realização – Revisão: Carolina Lemos; Diagramação: Sérgio Kon; Produção: Ricardo W. Neves, Heda Maria Lopes e Raquel Fernandes Abranches.

jorge coli
A PAIXÃO SEGUNDO A ÓPERA

FAPESP EDITORA PERSPECTIVA

Dados Internacionais de Catalogação na Publicação (CIP)
(Câmara Brasileira do Livro, SP, Brasil)

Coli, Jorge
 A paixão segundo a ópera / Jorge Coli. -- São Paulo : Perspectiva : FAPESP, 2003. -- (Debates ; 289

 ISBN 85-273-0338-8 (Perspectiva)
 ISBN 85-86956-10-4 (FAPESP)
 Bibliografia.

1. Ópera I. Título II. Série

03-0582   CDD-782.1

Índices para catálogo sistemático:
1. Ópera : Música e cultura : Artes   782.1

Direitos reservados à
EDITORA PERSPECTIVA S.A.
Av. Brigadeiro Luís Antônio, 3025
01401-000 – São Paulo – SP – Brasil
Telefax: (0--11) 3885-8388
www.editoraperspectiva.com.br
2003

SUMÁRIO

Introdução 9
1. O Corpo da Ópera 13
2. A Forma e a Impureza 23
3. A Velhice Impossível 31
4. *Otello* 37
   A Voz Suficiente do Ciúme 37
   O Amálgama Impuro 39
   Preto e Branco 41
   Inexorável, Acaso, Absurdo 44
   O Lenço e o Caos 46
   Rossini, Desdêmona 48
   Shakespeare, Verdi, Boito 51
   A Corporalidade da Palavra 53
   Excertos da Discussão 58
5. A Velhice do Desejo 63

6. Ópera, Paixão, Trabalho 79
   Criados e Patrões 81
   Quando o Povo Sobe ao Palco 82
   Louise – A Vida Difícil e a Vida Fácil 84
   Il Tabarro 87
   Temas e Personagens 88
   A Paisagem Musical 90
   Da Paisagem ao Meio Social 92
   O Italiano e o Realejo 94
   A Resignação diante das Paixões 96
   Volúpia, Sonhos, Revolta 96
   O Patrão, o Empregado: o Marido, a Traição 98
7. Carlos Gomes e Villa-Lobos 101
8. O Sentimento e sua Representação 133

INTRODUÇÃO

O amor pela ópera é estranho. Causa paixões absorventes. Vistas a frio, elas podem mostrar-se muito cômicas, caricaturais: Martins Penna escreveu uma peça, *O Diletante*, que faz suceder gargalhadas às custas de um desses apaixonados. Mas a intensidade das emoções que a ópera sabe produzir é uma experiência insubstituível. Numa célebre novela, Hoffmann treme, vibrando à expectativa de ouvir *D. Giovanni*. Stendhal confessava dispor-se a fazer léguas e léguas para assistir a uma representação. Eis dois grandes autores, entre muitos, exprimindo os poderes de um afeto que atingiu a tantos, anônimos.

Durante o século XX, os modernos, de maneira geral, puseram a ópera em xeque. Os sentimentos excessivos eram percebidos em seus aspectos mais grotescos para uma postura intelectual que desconfiava dos arroubos e que desprezava as antigas convenções. Mas, hoje, com a crise dessa mesma modernidade, a ópera ressurgiu, conquistou novos públicos e passou a ter uma presença na cultura contemporânea. Os teatros, no mundo inteiro, ampliam, como nunca antes, seus repertórios, buscando, no passado, muitas obras esquecidas que voltaram a despertar interesse. Resta, apenas, aos compositores atuais, reencontrar os caminhos que os conduzam a uma melhor intuição do que seja a natureza da ópera, para participarem, eles também, de modo pleno e forte, dessas energias hoje restauradas.

Este livro é fruto, em primeiro lugar, da paixão pela ópera, despertada desde minha infância. Foram alguns discos, muitos ainda em 78 rpm, os primeiros responsáveis: um *Credo*, do *Otello*, de Verdi, na voz de Gino Bechi; seleções de árias do *Barbeiro de Sevilha*, de Rossini, cantadas sabe Deus por quem; um lp com velhos registros de Amelita Galli-Curci; um outro de Bidu Sayão. Foram também as transmissões que a Rádio MEC fazia, ao vivo, do Teatro Municipal do Rio de Janeiro.

Esse amor, porém, levou-me a interrogações sobre a natureza da ópera. Elas estiveram muito presentes durante minha tese de doutorado[1]. Tratei ali de alguns textos sobre música escritos por Mário de Andrade, autor fascinado, ele também, pela ópera. Mais ainda, Mário de Andrade voltava-se para questões sobre os sentidos que a cultura podia atribuir aos sons musicais, numa preocupação bem distante dos formalismos, tão presentes ao longo do século XX. Durante o percurso desse trabalho acadêmico, pude constituir uma bibliografia sobre esses pontos, com textos por vezes bastante raros.

Assim, os diversos estudos que compõem este livro repousam numa outra unidade, além da afetiva. Acreditam que a música é carregada de sentidos e marcada pela cultura. A complexidade da ópera tomou corpo no Ocidente desde o século XVII; ela implica num cruzamento intrincado de várias formas artísticas, subordinadas à criação musical, que domina o conjunto. Trata-se de uma situação propícia para escapar às análises que tendem a fechar os fenômenos musicais na pureza formal.

---

1. Essa tese foi publicada com o título *Música Final*, em 1998, pela Editora da Unicamp.

Os textos contidos neste livro, embora escritos em ocasiões e circunstâncias diversas, tendem para esse tipo de compreensão e encerram o desejo de uma outra musicologia que possa, quem sabe, no futuro, construir um arcabouço teórico capaz de sustentar aquelas ambições.

Eles foram escritos ao longo de quase três décadas. O mais antigo é a análise de *Il Tabarro,* ópera de Puccini. Uma revista francesa solicitara o texto, em 1975 ou 1976. Ela devia consagrar um número sobre relações entre a arte e o trabalho. A revista, porém, faliu antes disso; o artigo permaneceu guardado durante muito tempo; foi muito revisado e, enfim, ressurgiu na *Revista Música,* da ECA-USP, em 1991.

Todos eles já foram publicados, de modo disperso, em revistas ou coletâneas. Todos sofreram revisões consideráveis e, por vezes, foram substancialmente modificados. A Associação Nacional de Pesquisa e Pós-Graduação em Música, em seu oitavo encontro, realizado em João Pessoa, e o I Encontro de Estudos da Palavra Cantada, organizado pela Universidade Federal Fluminense e pela Universidade do Rio de Janeiro, permitiram que eu tentasse organizar, de maneira mais geral, algumas reflexões pressupostas ao longo de meus escritos mais analíticos e de minha tese. Eles não possuem a pretensão de um projeto teórico; trata-se, antes, de interrogações diante de alguns problemas. São os dois estudos que abrem este livro.

Tenho uma dívida muito grande para com Maraliz Vieira Christo, atualmente minha orientanda na Unicamp, professora na Universidade Federal de Juiz de Fora e, sobretudo, excelente amiga. Foi ela quem se encarregou de reunir estes textos, passá-los para o computador e revisá-los. Sem esse esforço, *A Paixão Segundo a Ópera* não existiria.

Sou grato ainda à Editora Perspectiva e a J. Guinsburg por terem assumido, com simpatia, a publicação deste livro. Assinalo que a Fapesp concedeu uma ajuda para sua impressão.

Richard Strauss dirigindo – caricatura de Bithorn.

1. O CORPO DA ÓPERA*

A ópera *Capriccio*[1], de Richard Strauss, discorre sobre os vínculos entre palavra e música. Em meio aos personagens, há um poeta, um compositor e uma condessa. O amor da condessa é disputado pelos dois artistas. Eles empregam, cada um, sua arte própria para seduzi-la. O poeta escreve um soneto, que é recitado. Seu rival logo o põe em música, e o canta. A condessa, comovida, reflete assim:

> Foi através das palavras que ele encontrou a chave para sua música? A música estava prenhe, aguardando para cantar os versos e abraçá-los? Nossa linguagem foi sempre possuída pelo canto ou é a música que extrai seu sangue vital das palavras? Uma sustenta a outra, uma precisa da outra. Na músi-

---

* Publicado originalmente em Cláudia Neiva de Matos; Fernanda Teixeira de Medeiros e Elizabeth Travassos (orgs.), *Ao Encontro da Palavra Cantada – Poesia, Música e Voz*, Rio de Janeiro, 7 Letras, 2001, pp. 174-182, sob o título "Ópera, Palavra, Musicologia".

1. *Capriccio* foi estreada em Munique, em 1942. A música é de Richard Strauss, o libreto de Richard Strauss e Clement Crauss.

ca, as emoções clamam pela linguagem. Nas palavras, existe uma ânsia pela música e pelo som.

A condessa filosofa. Ela assume o caráter inextricável da questão, dizendo mais tarde: "Tudo é confusão, as palavras estão cantando, a música está falando". Em sua meditação final, ela própria não consegue mais se distinguir daquilo que é som, daquilo que é palavra, daquilo que é teatro: "Como o amor deles está se elevando para alcançar-me, ternamente entrelaçado de versos e de música. Como posso eu rasgar esse tecido delicado? E não sou, eu mesma, parte dessa textura?..."

Este é um dos momentos mais sutilmente vertiginosos da história da ópera. O personagem revela a essência de que é feito. Ele não é ficção que imita ou representa, ele não é a simulação de uma aristocrata do século XVIII: ele é um ser feito de palavras, de música e de teatro. Ele será encarnado por uma cantora que também é atriz. O som, a palavra, o gesto, as roupagens, o cenário são outros fios dessa trama. Um tecido vivo, uma unidade indivisível que, durante duas horas, existe de maneira intensa.

Os semiólogos e os teóricos são seres de carne e osso. Eles não gostam muito de mistérios e de dúvidas. Querem definir, classificar, articular. Não hesitam em talhar a delicada túnica que faz viver a condessa.

Há trinta ou trinta e cinco anos, havia ainda convicções ferrenhas nos poderes das ciências humanas. Havia, por exemplo, na França, um grupo internacional que trabalhava com semiologia da música. Entre eles estavam Jean-Jacques Nattiez, Bruno Nettl, Nicolas Ruwet, reunidos à volta de Jean Molino, e exprimindo-se na revista *Musique en jeu*, dirigida por Dominique Jameux.

Eles preocupavam-se com a natureza da música enquanto linguagem. Tentavam aplicar métodos inspirados na lingüística estrutural e generativa. O jargão ali empregado se queria técnico e era assustadoramente incompreensível. Tempos remotos, aqueles em que Nattiez inquietava-se em saber se a lingüística seria ou não "a ciência piloto das ciências humanas"[2].

---

2. Jean-Jacques Nattiez, "Situation de la semiologie musicale", *Musique*

Ruwet, por sua vez, escrevera um livro que causara então um certo impacto, intitulado *Langage, musique, poésie*[3]. O livro era definido assim, na contracapa: "...ensaios centrados no reconhecimento de um traço fundamental comum à linguagem musical e à linguagem poética: o papel que representa a projeção repetida, na cadeia sintagmática, de relações de equivalência". Esse traço comum fundamental revela-se, na realidade, um traço distintivo, já que as projeções repetidas são específicas a cada uma das duas "linguagens", e que não se trata de cruzá-las, sobretudo no território da semântica, território de tropeços para um pensamento fincado em princípios formais.

Ruwet desmente a condessa com clareza. Referindo-se a uma canção de Schumann, ele diz: "Ora, é evidente que qualquer ouvinte músico, e no caso da peça de Schumann, qualquer ouvinte que conheça o alemão, não terá nenhuma dificuldade em perceber, clara e distintamente, a música e o sentido das palavras"[4]. Ruwet avança seu pensamento de maneira a propor um futuro muito mais nuançado de análises, afinando-se para o particular. Diz ele:

[...] no estado atual dos estudos musicais, é evidentemente muito difícil extrair, de uma maneira precisa, as relações particulares que, numa tal obra, existem entre palavra e música, e isto por uma razão bem simples: na medida em que, em todo sistema significante, tal significante particular se define apenas em relação a todos os outros, nunca é possível passar imediatamente do significado de um significante num sistema – uma palavra, um grupo de palavras, ou mesmo um poema inteiro – ao significante de um significado em outro sistema – motivo melódico, seqüência de acordes, frase musical. [...] A relação entre o poema de Heine e a música de Schumann é mediatizada por todas as estruturas da língua alemã e do sistema tonal do século XIX. Somente quando a análise estrutural, em lingüística e em musicologia, tiver sido levada mais longe, até as estruturas mais finas – ao nível estilístico, particularmente –, somente então será possível determinar as relações de uma maneira precisa[5].

en jeu, 5, 1971. Esse estudo foi publicado em português no livro *Semiologia da Música*, organizado por Maria Alzira Seixo, Lisboa, s.d.
3. Nicolas Ruwet, *Langage, musique, poésie*, Paris, Seuil, 1972.
4. *Idem*, p. 52.
5. *Idem*, p. 55.

Ou seja: as especificidades da música e da poesia são irredutíveis; é possível esmiuçá-las, mas nunca entendê-las como unidade. Há aqui, portanto, um afunilamento, a crença numa possível análise mais fina, mas nunca uma fusão. Ruwet proporá uma compreensão dialética dos dois eixos.

A dicotomia enunciada por Ruwet tem origens antigas. Ela havia sido formulada com clareza por Hanslick, em *Do Belo Musical*, cuja primeira edição data de 1854[6]. Jean-Jacques Nattiez, num artigo intitulado "Situation de la sémiologie musicale", publicado no nº 5 de *Musique en jeu*, em 1971, afirmava, como um axioma: "É verdade que *toda* música age sobre nós, mas nós o sabemos, desde os trabalhos de Hanslick: a música não significa nada por si própria"[7]. Hanslick havia tomado um exemplo célebre: se, na ária do *Orfeu*, de Gluck, as palavras "J'ai perdu mon Eurydice, / Rien égale mon malheur" forem substituídas por "J'ai trouvé mon Eurydice, / Rien égale mon bonheur", desaparece o sentimento de dor suprema que o ouvinte podia sentir.

É possível pedir mais rigor ao espírito científico de Ruwet. O que ele afirma ser uma "evidência" é, de fato, uma hipótese. É possível, também, estabelecer uma outra, talvez mais fecunda, que eu chamaria aqui a hipótese da condessa: não, não é possível perceber, clara e distintamente, a música e o sentido das palavras. No caso de Hanslick, para contradizê-lo, vale a pena invocar a ajuda demiúrgica do semideus: Orfeu *não* cantou o encontro, mas a *perda* de Eurídice. Ou melhor: ele não *podia* cantar o encontro, porque cantou a perda.

Haveria um debate, ainda, sobre essa questão, fazendo apelo a textos ilustres: as célebres conferências de Jakobson em Nova Iorque, publicadas em livro e intituladas *O Som e o Sentido*[8], que estabelecem esses dois elementos como as inseparáveis faces da linguagem. Ou ainda o "Mito e Música", de Claude Lévi-Strauss[9], em que, a partir do modo como

---

6. Eduard Hanslick, *Do Belo Musical*, Campinas, Ed. Unicamp, 1989.
7. Jean-Jacques Nattiez, *op. cit.*, p. 9.
8. Roman Jakobson, *Six leçons sur le son et le sens*, Paris, Minuit, 1976.
9. Claude Lévi-Strauss, *Mito e Significado*, Lisboa, Ed. 70, 1979, pp. 67 e ss.

concebe a natureza do mito, propõe perceber a música não como uma seqüência feita de acréscimos, mas como uma totalidade simultânea, dentro da qual "fim" encontra-se no "começo", e vice-versa. Ou o Adorno de *Quasi una fantasia*[10], que concebe a música, numa perspectiva heideggeriana – e numa perspectiva também do *Moses und Aron*, de Schoenberg –, como a tentativa humana de enunciar aquilo que não pode ser dito.

Vale a pena assinalar que esses três últimos – Heidegger, Schoenberg, Adorno – situam-se sobre o mesmo terreno herdado de preocupações românticas, no qual a questão primordial é a do dizível e a do indizível. Em Heidegger, a visada é metafísica; em Schoenberg ela passa pela questão da fé. Note-se que, se a reforma serial de Schoenberg destruía as convenções semânticas reforçadas de modo mais ou menos preciso durante o século XIX, e oferecia ao compositor uma nova "pureza" expressiva, essa pureza não se queria como um projeto de "pura" forma. Estamos habituados a perceber Schoenberg através do serialismo afirmado no pós-guerra, que se construía sobre um princípio de rigor combinatório. Essa é uma visão que conduz a música de Schoenberg a uma dimensão redutora, é um enfoque *a posteriori,* que leva, por conseqüência, a eliminar algumas de suas preocupações essenciais. Basta lembrar que seu modo de tratar a palavra não possuía a inflexão "mallarmeana" que habita, por exemplo, a obra de Boulez, e que beneficia antes a sonoridade do que o sentido. Ao destruir as velhas convenções da expressão sonora, Schoenberg não destruía o próprio princípio da expressão na música: apenas, não se tratava mais de uma expressão já estabelecida, mas de uma expressão, nova e original, a obter. Dessa maneira, a ques-

---

10. Theodor W. Adorno, *Quasi una fantasia*, Paris, Gallimard, 1982. Tome-se como referência a seguinte passagem da p. 4: "A linguagem musical é de um tipo muito diferente da linguagem significante. Nisto reside seu aspecto religioso. O que é dito, no fenômeno musical, é ao mesmo tempo preciso e escondido. Toda música tem por Idéia a forma de um Nome divino. Prece desmistificada, libertada da magia do efeito, a música representa a tentativa humana, por mais vã que possa ser, de enunciar o próprio Nome, ao invés de comunicar as significações".

tão da expressividade semântica da palavra não é apenas um ponto reflexivo, abstrato. Assim, dentro de *Moses und Aron*, ela incorpora uma prática e uma experiência, ao ser posta e tratada pela música, que busca, pelos sons não articulados, um caminho para o indizível. A "palavra que me faz falta", incapaz de revelar as verdades inexprimíveis, como proclama a última frase proferida por Moisés no segundo ato da ópera, é encontrada – ou buscada – pela não-palavra sonora da música[11].

Estes textos acima evocados permitem aprofundar o tema da unidade perdida. Todos eles, porém, debatem a questão das relações entre palavra e som não articulado, ou som musical, a partir de um plano que se encontraria por detrás das culturas, como um fundo universal próprio à espécie humana em geral. Irremediável marca de cientificismo generalizante, de busca ontogênica das origens, em certos casos, ou de superior misticismo, em outros, como no de Adorno.

Haveria uma outra via, cujo acesso poderia ser feito por meio da ópera, e que Richard Strauss já nos dava a vislumbrar. Jean-Jacques Rousseau exprime a questão com clareza. No verbete "Ópera", de seu *Dictionnaire de la musique*, publicado em 1768, ele traça uma perspectiva histórica do gênero e assinala, primeiro, o modo como os libretos tratam a linguagem, predispondo-a para a música. Depois, prossegue:

> Tendo, de algum modo, preparado a palavra para a música, foi questão, em seguida, de aplicar a música à palavra, e de fazê-la tão ajustada à cena lírica *que o todo pudesse ser tomado por um único e mesmo idioma*; o que produziu a necessidade de cantar sempre, para parecer sempre falar[12].

Isto é, a música e a palavra unidas não se justapõem: elas transformam-se numa outra língua. Este é o ponto essencial. É deste modo que Orfeu não poderia separar o inseparável, nem o ouvinte de Schumann perceber a palavra de um lado e a música do outro.

11. Seria possível inverter o filtro e buscar significações expressivas na música de Boulez, por exemplo. Uma primeira: a expressão da vontade de não-expressão...

12. Jean-Jacques Rosseau, *Dictionaire de musique*, vols. 1 e 2, Paris, Art et Culture, 1977; grifo meu.

Alguns escritos, injustamente esquecidos e condenados por posturas que pareciam avançadas e intransigentes em sua modernidade, tomaram estas direções, aprofundando análises. Um deles é o livro de Marcel Beaufils, *Musique du son, musique du verbe*[13], mais particularmente no capítulo de título expressivo: "A androginia inapreensível", que analisa as ações e reações incessantes estabelecidas entre a música e a palavra. Seus exemplos são iluminadores; eis aqui esta passagem a respeito da *Danação de Fausto*, de Berlioz:

> E, de início, antes mesmo de atacar o mundo do verbo, a música dispõe plenamente uma ordem de soberanias absolutas e prévias. [...] A orquestra preludia. [...] O poema ainda não está em questão, e todas as posições foram tomadas: posição de tonalidade, de modo, de desenho e andamento da melodia, ritmo, regime respiratório e pulso do tema, cor do timbre. A viola já fez todo o trabalho, antes que a Margarida de Berlioz tenha nomeado o Sire de Thulé[14].

Está claro, porém, que a música de Berlioz depende, previamente, do texto e da situação dramática *que está por vir*. Aqui há uma afinidade com a comparação, estabelecida por Lévi-Strauss, entre música e mito, percebendo-os não como seqüências narrativas, mas como um todo feito de partes fora do tempo. O antes e o depois se juntam numa linguagem única feita de contaminações.

Mas, para além dessa relação dual mais perceptível – palavra e som musical –, é necessário lembrar que a ópera vem magnificamente carregada de múltiplas "impurezas". Para tomá-la como campo de reflexão, será preciso, primeiro, afastar a idéia de que a música possui uma essência autônoma, regida por um sistema de combinatórias, definidas na noção de forma. A ópera, feita, em verdade, de uma multiplicidade de vínculos, exige, para sua compreensão, uma musicologia que dependa da história da cultura, que perceba os sons musi-

---

13. Marcel Beaufils, *Musique du son, musique du verbe*, Paris, PUF, 1954. Esse livro encontra-se na coleção "Bibliothèque Internationale de Musicologie". Nessa mesma coleção, outro livro importante: Ivo Supicic, *La musique expressive*, Paris, PUF, 1957.

14. Marcel Beaufils, *op. cit.*, p. 74.

cais como apenas compreensíveis dentro dos parâmetros de uma dada cultura, como "contaminados" pela impureza da cultura. Indo além de si mesma, ela pode fornecer instrumentos diversos dos habituais para um entendimento dos sentidos musicais, num espectro mais geral. Aquilo que pode parecer híbrido é, na verdade, constituinte do som musical, imerso e permeado pelos procedimentos culturais.

A ópera nos obriga a atentarmos para a cultura que a perpassa. Se a música é sua espinha dorsal, ela não é feita apenas de som: que obra de música dita "pura", sem texto, sem história, sem drama, conseguiria durar as numerosas horas do *D. Carlo* ou de *Tannhäuser*? Um libreto de ópera não se sustenta sozinho, mas a música da ópera também não. Assim, a primeira postura seria tentar perceber as "leis" internas à obra, ou melhor, o panorama das constantes, das variantes, das exceções que regem a situação das palavras dentro do som. Um pouco à maneira como agem os decifradores de códigos secretos, embora, no caso da ópera, não haja um código totalizador: será sempre preciso trabalhar, segundo as obras, com um maior ou menor número de fragmentos.

Partindo daí, seria possível delimitar "campos semânticos" de relações precisas e significantes. Essas relações podem ser ampliadas, ao considerarmos suas recorrências na obra do compositor e de outros autores de sua época. Ela determinará significações semânticas a serem detectadas mesmo quando a palavra *ainda* não intervém, como na análise de Beaufils, ou quando, simplesmente, ela *não* intervém. Mais ainda, seria preciso mapear os sons em campos semânticos mais vastos, criados pelas convenções aceitas pela cultura e pela época da obra, e pelo modo como são empregados no discurso sonoro específico, que se afina, necessariamente, em contato com o texto posto em música.

Encontra-se pressuposta, aqui, a consideração da subjetividade de quem ouve, não considerada como um arbitrário, ou como um objeto específico da psicologia, a quem os semiólogos costumavam remeter, mas como o lugar do cruzamento de determinantes culturais de uma época, de um meio.

Haveria a considerar, no discurso musical, os efeitos onomatopaicos, as diversas formas imitativas. E também o gesto pressuposto pela ação, ou a coreografia articulando-se com os sons nos bailados. Há, como insiste Rousseau numa passagem esplêndida, as lições que o compositor recebe das outras artes, da pintura, por exemplo, que interferem na gênese inspiradora da criação.

Existe um grande texto, antigo e esquecido, que mereceria, definitivamente, ser ressuscitado. Entre outras coisas, buscou caracterizar constantes metafóricas atribuídas aos sons, associações reconhecidas coletivamente (o som grave, "escuro", do contrabaixo, associado ao soturno, à morte), ou expressas de modo individual (Berlioz, quando diz que "a trompa possui um som melancólico e casto"). Trata-se de *Les rapports de la musique et de la poésie considérées au point de vue de l'expression*, de Jules Combarieu, publicado em 1894[15]. Ele traz também a crítica, construída e completa, às tradições da pureza formal, e exemplos analíticos de uma semântica intuitiva e esclarecedora. Esse estudo das metáforas aplicadas à música, sugerido por Combarieu, é de grande importância: a crítica e a análise musical, antes da hegemonia formalista, não hesitavam diante dessas figuras de linguagem, que permitiram, de fato, uma compreensão enriquecida das obras analisadas: basta pensar em Baudelaire escrevendo sobre Wagner.

Nessa direção, os exemplos seriam infindáveis. Assinalo aqui um, não muito célebre, mas cuja leitura sugestiva possui um interesse suplementar, porque se trata de um compositor analisando a obra de um outro: refiro-me ao livro que Gounod dedicou ao *D. Giovanni*, de Mozart. Eis um exemplo, tomado do trecho referente à abertura da ópera, da maneira como Gounod compreende a música:

> [...] o ritmo monótono e inexplorável dos instrumentos de corda, o timbre sepulcral dos instrumentos de sopro, cujos intervalos de oitava, de compasso em compasso, parecem o andar de um gigante de pedra, ministro da Morte; as síncopas dos primeiros violinos que, a partir do décimo primeiro compasso, penetram nos recônditos mais secretos dessa consciência obscurecida; o desenho dos segundos violinos que se enrolam como um imenso réptil em volta desse culpado; a resistência teimosa desse condenado que se

---

15. Jules Combarieu, *Les rapports de la musique et de la poésie considérées au point de vue de l'expression*, Paris, Alcan, 1894.

bate até o fim no insulto e na cegueira; essas escalas, essas assustadoras escalas que sobem e descem, que se abrem como vagas do mar numa tempestade..."[16]

Um texto como este se mostra um extraordinário objeto para o exame de intrincadas relações de sentido e de sons e para o mapeamento dos campos semânticos que se formaram como leituras da obra de Mozart e, está claro, como a compreensão do universo cultural no qual o próprio Gounod se insere[17].

Em qualquer dessas etapas está sempre presente o princípio de natureza *una* que a música apresenta no seu entrelaçamento com todas as formas da cultura. Não se trata sequer de decompor dois elementos apenas, música e palavra, nem mesmo de pressupor uma relação dialética.

Trata-se de empirismo e de indução, respeitoso de uma complexidade que guardará sempre o seu mistério porque não poderá ser decomposta. A análise de uma ópera deverá partir do universo instituído pela própria obra, na sua singularidade: de um certo modo, a obra torna-se método. Da estreita relação estabelecida entre palavra e música, nas situações da ópera, segue-se para um alargamento e um procedimento que conduzem a certas compreensões dos fenômenos musicais como unidades de cultura. Com a consciência dos limites, mas também daquilo que se descortina em exploração nova, é possível desvelar a túnica da condessa, sem, para tanto, destruí-la e perdê-la.

---

16. Charles Gounod, *Le Don Juan de Mozart*, Paris, Ed. d'Aujourd'hui, 1980.

17. Está claro que análises deste tipo – ou como aquelas que propõem Combarieu e Beaufils – contrariam os fortes preconceitos formalistas do século XX. Os especialistas da música barroca, levados a considerar referências expressivas como componentes inalienáveis da gênese e da compreensão das obras compostas nesse período, foram sensíveis à natureza preconceituosa dessa postura. É assim que Harnoncourt alerta: "Infelizmente, nos foi demasiado explicado que a música que diz 'alguma coisa' tem menos valor do que a música 'pura', absoluta. Talvez o fato de saber que a música do barroco, e também uma boa parcela do período clássico, é uma música que fala, talvez isso nos levasse a ter uma melhor compreensão da música retórica, se renunciássemos a desprezar a mensagem da música". Nikolaus Hanoncourt, *O Discurso dos Sons*, Rio de Janeiro, Zahar, 1988.

2. A FORMA E A IMPUREZA*

Depois de um século de valorização da *tabula rasa* por meio de uma ruptura com o passado enquanto tradição, enquanto celeiro e enquanto história, é preciso voltar atrás para compreender a natureza do terreno sobre o qual pisamos hoje. Há um momento de cisão no qual se modificou, de modo essencial, a concepção daquilo que fazer música significa. Esse momento foi assinalado teoricamente pelo livro de Hanslick, *Do Belo Musical*. Trata-se de um texto prodigiosamente premonitório, pois enuncia, muito precocemente, em 1854, o que é possível chamar de uma configuração epistemológica nova. Ele instaura um campo normativo que seria percorrido por um dos eixos mais poderosos dos caminhos modernos, não somente para a música, mas para as outras artes também.

---

* Comunicação apresentada no VIII Encontro Anual da Associação Nacional de Pesquisa e Pós-graduação em Música (ANPPOM), realizado em João Pessoa, Paraíba, no período de 19 a 22 de setembro de 1995.

Não creio que o emprego da palavra epistemologia seja aqui por demais abusivo. Ela se refere francamente a um projeto abstrato, "descontaminado", como veremos mais à frente, cujo parentesco com as claras estruturas científicas é pronunciado por Hanslick. Assim, referindo-se aos efeitos emocionais produzidos pela música, ele diz "Somente protestamos contra a utilização *anticientífica* desses fatos por princípios estéticos"[1]. Como num laboratório, Hanslick extrai o fenômeno musical da sua contingência histórica, para tratá-lo em condições da pureza experimental: "A pesquisa estética nada sabe e nada saberá das relações pessoais e do ambiente histórico do compositor; ela só ouvirá o que a própria obra de arte exprime e acreditará nisso". Muito claramente ele afirma a abstração como essência da música e, mais ainda, bem antes de Wörringer, induz a supor que essa essência também seja própria às artes plásticas, ao propor primeiro o arabesco e, em seguida, o caleidoscópio como metáfora musical. O arabesco, porque repousa sobre o esvaziamento semântico na relação que as formas mantém com o mundo. A música, arabesco em movimento, "numa permanente autoformação", advém de pulsões criadoras em formas cujo sentido volta-se para elas próprias. E o caleidoscópio, porque traz a combinatória formal como princípio geométrico. Não é, aliás, descabido ver, nessas duas vertentes, o germe dos dois pólos entre os quais situou-se a pintura abstrata no século XX.

O texto de Hanslick nasce enquanto reação e saída à invasão pletórica de um problema fundamental para a música do século XIX. Refiro-me ao sentido dos sons numa configuração bastante específica. A partir do século XVII, quando a invenção da ópera acentua uma reforma na música, que se dirige para a clareza e a expressão, e quando todas as artes se redefinem, ao incorporarem, como dado essencial, o efeito produzido sobre o público – dentro desse universo que nós costumamos chamar de barroco –, o projeto é o de comover, de persuadir, de acalmar, de exaltar. A música, penetrando os espíritos da maneira a mais imaterial, é, por excelência, meio

---

1. O grifo é meu.

capaz de agir sobre os movimentos da alma, como forma supremamente volátil e fluída.

Durante dois séculos estabelecer-se-iam os critérios e convenções coletivas que carregariam, de maneira cada vez mais complexa, o sentido dos sons. Ao invés de fazermos apelo aos tratados, lembremos a *Ode para o Dia de Santa Cecília*, de Haendel sobre texto de Dryden, na qual são enumerados, como numa espécie de catálogo sublime, os poderes poéticos e musicais de cada instrumento. A estes são designados papéis sentimentais específicos: queixas de ciúmes para os violinos, entusiasmo guerreiro para o tambor e a trombeta, e assim por diante. Isso ilustra um dos aspectos do peso cultural na codificação do sentido dos sons naquele momento da história.

Ora, as transformações que ocorrem no final do século XVIII, além de provocar um esfacelamento desses códigos culturais coletivos, mais homogêneos e claramente estruturados, introduzem um elemento de complicação suplementar com a autonomia reflexiva própria ao artista da nova sociedade. Isto é, além do caráter intrinsecamente dessemelhante do novo público, acrescenta-se a situação de um artista que investe na obra de arte convicções individuais. A obra torna-se, desse modo, o veículo de suas posições diante do mundo. O artista deixou de dever contas ao mecenas, para obedecer às escolhas de seu coração, de seu pensamento, de sua consciência.

A situação mostra-se, assim, muito menos simples. Se eu quero transmitir, por meio dos sons, idéias singulares e complexas, e se as convenções significantes desfizeram-se, é preciso que eu encontre, por mim próprio, o meio de fazê-lo. Ou seja, eu preciso inventar meu próprio código semântico. Desde Beethoven que a maior parte da produção musical do século XIX debatia-se desesperadamente com esse problema novo: como transmitir, por meio do som não articulado, uma idéia, uma expressão, um sentido? Desse modo, uma sinfonia que, com Haydn, contentava-se de situações semânticas muito gerais – melancolia, arroubo, agitação rítmica –, na qual a construção sonora primava, deixa de ser apenas música, pois deve conter uma mensagem explícita. É assim que

Beethoven introduz um texto cantado em coro num último movimento, que virá contaminar, pelo sentido das palavras, a construção musical. É assim que Berlioz concebe obras sinfônicas a serem ouvidas com um texto que lhes serve de roteiro, destinado a indicar com precisão imagens para o espírito do ouvinte. Ou ainda, como em Romeu e Julieta, ele criará a idéia, aparentemente paradoxal, de uma sinfonia dramática. Nem ópera, nem oratório, o tecido sonoro orquestral é carregado de sentidos e apresenta uma trama teatral que exige a integração, dentro do contexto sinfônico, dos personagens desencarnados – no sentido mais exato da palavra, pois eles não possuem corpo, são apenas vozes. Formas híbridas, cujo exemplo extremo é *Lelio*, obra sinfônica incluindo um narrador para informar o ouvinte daquilo que está acontecendo na orquestra, portanto explicitando o sentido do que poderia ser puramente som.

O século XIX é rico de poemas sinfônicos, de peças para piano descritivas ou evocatórias, de tentativas as mais diversas para produzir música literária, música portadora de imagens e de conceitos. Wagner resolveu genialmente, pelo seu sistema de *Leitmotive* (motivos condutores), as relações entre a palavra, a idéia, o sentido e a música. Pela concomitância e pela recorrência do som com a situação dramática ou com a frase poética, nós aprendemos que tal tema, tal acorde – ou por vezes mesmo, tal timbre – significa um cisne, uma espada, um rio, a coragem, o amor ou a morte. Trata-se aqui do apogeu dessa questão semântica no século passado, e compreende-se a inimizade feroz que existiu entre Wagner e Hanslick. Trata-se também de uma solução ligada a uma estética por demais pessoal, a uma concepção da arte por demais específica: Wagner serviu-se dela admiravelmente, mas apenas ele podia fazê-lo.

As distinções entre os artistas da moderna sociedade industrial e aqueles do passado aristocrático, entre o criador do período barroco e aquele do período romântico, por mais específicas que fossem, não atingiam o princípio fundamental apresentado no início: o de que as obras eram produzidas em função de um público que deveriam comover – isto é, no seu sentido etimológico, "mover com", provocando e conduzindo as emoções. Obras nunca pensadas em si, mas para outrem. Orfeu canta para apaziguar as feras, Anfião para deslocar as pedras e, na ópera de Monteverdi, as estâncias do bardo acalmam e fazem Caronte adormecer. A sinfonia pode nos revelar as alegrias da amizade, a ópera pode nos fazer sentir a opressão dos ciúmes ou a morte dolorosa.

Justamente, Hanslick propõe, diante disso, uma recusa completa, e afirma que a essência da música encontra-se em outro lugar. Trata-se de uma situação muito equivalente à que ocorreria, mais tarde, nas artes plásticas: os procedimentos imitativos, desde Aristóteles presidindo à arte do Ocidente, serão considerados como impuros e extra-artísticos – o que vale não é a representação de algo, mas as relações das formas sobre a superfície das telas. Na música, também, é preciso abandonar o sentido dos sons e a ação que eles exercem sobre o público. Eis um trecho do capítulo 5 do livro de Hanslick, intitulado "A Percepção Estética da Música em Oposição à Patológica":

> Quanto maior, porém, é a intensidade com que um efeito artístico age sobre o físico, portanto, quanto mais patológico é este efeito, mais diminuta é sua quota estética, frase esta impossível de se inverter. Na criação e na concepção musical deve-se, por conseguinte, destacar um outro elemento, que representa o que há puramente estético nesta arte e que, contrapondo-se ao poder, específico da música, de provocar sentimentos, aproxima-se das condições especiais de beleza das outras artes. Este elemento é a pura contemplação.

Essa mesma pura contemplação, diga-se de passagem, que encontraremos nos escritos de Kandinsky ou nas telas de Mondrian.

Hanslick opõe, desse modo, uma percepção "estética", que ele baseia na exclusiva organização sonora, a uma percepção "patológica". Essa percepção estética, essa contemplação, não surge, no seu texto, nem muito explicitada nem muito clara. Ela parece, entretanto, algo de sofisticadamente elevado, um gozo das puras relações sonoras entre si.

Grosso modo, foi a concepção que vingou nos meios de vanguarda. Os formalismos triunfaram, e os procedimentos construtores tornaram-se a própria razão de ser das obras, atribuindo-se às suas relações interiores a faculdade de revelar o belo. A arte não é mais para o público, para nós; ela tornou-se um em si, cuja contemplação é o produto de uma ascese sonora. Os artistas experimentam não mais efeitos sobre o ouvinte, mas sistemas combinatórios novos. A sacralização wagneriana, que pressupõe os iniciados peregrinos de Bayreuth, isto é, aquilo que havia sido o apogeu do projeto romântico, transformou-se, agora, num projeto de pretenso saber. O iniciado não é mais aquele que se esvazia de seu ser para deixar-se habitar inteiramente pelos sons e emoções de *Parsifal* ou de *Tristão*: é aquele que conhece. Para empregarmos uma metáfora prosaica: o gozo de um bolo pressupõe o conhecimento da receita do bolo. Atitude altamente intelectual como se percebe, e que Adorno encarnou nas raias da caricatura ao descrever os tipos de "comportamento musical"[2]. Eles são, todos, tratados com um autoritarismo desdenhoso e bastante ridículo. Assim, o indiferente musical, "filhos de pais particularmente severos parecem, freqüentemente, incapazes de aprender a ler as notas, condição necessária hoje para uma cultura musical honorável"; o apreciador de música de fundo, que percebe a música como um "conforto de distração", e que não "a aprecia, por assim dizer, de modo lúcido"; os peritos em jazz; os ouvintes rancorosos; o ouvinte emocional, para quem "a música serve essencialmente para liberar instintos habitualmente recalcados ou reprimidos pelas normas da civilização, freqüentemente de exutório para uma irracionalidade que lhe permite, a ele que fica, a maior parte do tempo, trancado dentro de um processo racional de sobrevida, *de sentir ao menos alguma coisa*"[3]; o consumidor de cultura, "burguês" e "fetichista" e até chegarmos ao perito, ou, talvez, melhor, ao douto – que, evidentemente, se confunde com o próprio Adorno, autor da tipologia:

2. Th. W. Adorno, "Types de comportement musical", *Musique de tous les temps*, dez. 1972 / fev. 1973.
3. O grifo é meu.

Tratar-se-ia do ouvinte inteiramente consciente, a quem, em princípio, nada escapa, e que, ao mesmo tempo, compreende aquilo que ouve. Qualquer pessoa que, ao ser confrontada pela primeira vez com um trecho complexo e privado de firmes suportes arquitetônicos, como o segundo movimento do *Trio para Cordas* de Webern, seja capaz de enumerar os componentes formais, satisfaria, num primeiro tempo, as exigências desse tipo.

É claro que estamos ainda sob a maldição de Hanslick levada ao seu extremo. Se essa catalogação pseudo-sociológica de Adorno pressupõe o conhecimento das estruturas musicais para o gozo da música, é que ela foi investida da verdadeira essência do belo musical. E o público ouvinte, aqueles raros da primeira categoria, deve tornar-se douto em música para poder apreciá-la ou amá-la. Da música pura ao público puro a passagem se fez insensivelmente, e a arte dos sons se fecha sobre si mesma e seus privilegiados.

A tirania da forma foi exercida de modo poderoso no pós-guerra. Mesmo quando as intenções discursivas eram fortes – na música militante de um Luigi Nono, por exemplo – a solução revela-se contraditória. Os instrumentos formais são tão poderosos que as palavras, incorporadas nas obras, reduzem-se a puras sonoridades, tornando impossível a compreensão – caso agudo desse caráter contraditório em que o campo epistêmico da forma põe em cheque a própria possibilidade da intenção discursiva. Na França, particularmente tomada pela hegemonia dos formalismos boulezianos, somente na década de 1980 um grupo mais jovem, erigindo como exemplo um compositor italiano marginal, Giacinto Scelsi, iria escapar a esse domínio, buscando, na espessura e na materialidade do som, um tecido musical em que o princípio da estrutura é abandonado em nome de um devir flexuoso, fluindo amplamente na espessura dos timbres. Alguns outros comportamentos musicais recentes revelam também sintomas inegáveis de caminhos que se estendem fora do campo formal da música "pura".

O que quer dizer, aliás, música "pura"? Determinar o que isso seja significa apenas eleger alguns critérios que são tomados como essenciais para certos parâmetros normativos e excluir todo o resto, como indigno. Carregadas de um prestígio ambíguo, mas poderoso e intolerante, as noções de "puro", de "pureza" são, por sinal, sedutoramente traiçoeiras. Basta pensar, por exemplo, que, se as juntamos com a palavra "raça", elas se tornam imediatamente infames.

Seria bem temerário prever qualquer futuro para a arte dos sons. Pode-se desejar, no entanto, que ele seja o mais múltiplo e diverso possível. Pode-se pensar também que retomar o público como seu objetivo – público heterogêneo e "impuro" –, sem que isso signifique abdicar da complexidade e da qualidade das obras, ou reconsiderar o papel de uma semântica, ela também impura, em que os sons surgem carregados de sentido pela cultura coletiva, pelo teatro, pela poesia, pela palavra, sejam atitudes fecundas. De qualquer modo, é por meio da mistura, da miscigenação, da impureza – palavra em verdade tão bela e tão rica – que a cultura dos homens se faz.

3. A VELHICE IMPOSSÍVEL*

Rossini, Verdi, Wagner – santíssima trindade: por meio da música, eles instauraram mundos dentro do mundo, inventaram modos novos de perceber o homem e seu destino, num conjunto de obras cuja envergadura os põe no topo. Nesse sentido, sem dúvida, são os maiores.

Entre Rossini e Verdi, existem Belini, Donizetti e alguns outros que andam ressurgindo, hoje, nos teatros, como Mercadante. Eles foram os promotores de um evidente processo de renovação. O jovem Verdi herdou, assim, tradições dramáticas e musicais que, então, se atualizavam sem cessar. Entra nessas correntes, dirigindo-as para uma nova inflexão teatral. Embebe-se nas características fundamentais dessas tradições, movidas pela melodia, enquanto força expressiva, e pelo ritmo obsessivo, enquanto concentrador e dilatador de *pathos*. Mas acrescenta a elas um poder violento, capaz de suscitar pai-

---

* Originalmente publicado em: *Bravo!*, nº 40, jan. 2001, ano 4, pp. 56-59, sob o título "O Século de Verdi".

xões, um sentido nunca visto da unidade, do tropismo implacável, da coesão. Ao seu modo, como Wagner – de quem era contemporâneo exato, ambos nascidos em 1813 –, faz a ópera tornar-se o meio para instaurar uma dramaturgia revigorada, profunda e original.

Verdi era de origem camponesa e não gostava de viajar. Retornou sempre à província de Parma, lugar de suas raízes, onde terminou por comprar uma bela propriedade rural, sua amada Sant'Agata. A casa em que nasceu ainda existe, em Roncole, muito modesta, como há ainda, na igrejinha local, o harmônio no qual ele começou a se exercitar.

O período no qual viveu era um tempo em que alguns artistas proclamavam, com orgulho, sua "ignorância", seu caráter "popular". Como o pintor francês Gustave Courbet, Verdi odiava as sofisticações pretensiosas de eruditos e críticos da moda: ambos, o pintor e o músico, afirmavam sua rudeza intelectual como uma garantia de verdade criadora. Verdi foi recusado pelo Conservatório de Milão, e é fácil rir desse erro monumental cometido pelos doutos daquela escola. Mas é fato que ele, já numa idade avançada, demonstrava uma técnica pianística insuficiente. Foi obrigado a se aperfeiçoar com professores particulares. Construiu sua formação, em grande parte, como autodidata, e seu modo de compor possui um sentido "pragmático" que não abandona nunca a concatenação dos efeitos e não cede à tentação de exibir ciência compositiva. O final de sua última ópera – *Falstaff*, em 1893, portanto o término de uma longuíssima carreira e de uma abundante produção – é, pela primeira vez, uma fuga. O compositor ironizava, mostrando a língua para as regras de escola. O texto cantado sobre essa fuga começa por: "Tudo no mundo é burla".

Verdi carrega consigo certezas das quais não abdica. Pouco importam a recusa do conservatório, o fracasso de *Un Giorno di Regno*, sua segunda ópera. Ele tem a convicção daquilo que quer, intui com clareza os caminhos a seguir. Sabe que deve satisfazer um público, e isso é mesmo um elemento genético de fecundação para sua arte. Mas, se Verdi não coloca suas obras acima do público, ele as coloca acima de si mesmo. Há algo do artesão aqui. Aquilo que produz deve ser como um esplêndido objeto, cuja sedução vem, justamente, de forças por assim dizer "objetivadas". Nesse ponto, ele distancia-se do artista inventado pelo romantismo, aquele que concebe a obra como uma secreção de algo superior a ela, ou seja, seu próprio gênio. Isso se combina também com seu horror às honrarias, às cerimônias públicas, a quaisquer formas de exibicionismo pessoal ou do culto de si mesmo. São os antípodas de Wagner. Seu célebre mau humor, sua intrínseca generosidade, sua recusa em considerar-se humanamente superior a quem quer que fosse revelam-se traços coerentes. Possui raízes camponesas que o fazem severo com os gastos pessoais. Mas investe grandes somas para a construção da Casa di Riposo per Musicisti, em Milão. O arquiteto Camillo Boito, irmão do poeta que seria o grande parceiro de Verdi em *Otello* e *Falstaff*, é o autor do edifício delicadamente neogótico. Verdi, ao morrer, deixou todos os seus direitos autorais a essa casa de repouso. Concedia-lhe os meios para abrigar, de maneira digna, velhos músicos sem recursos. Os restos mortais do compositor encontram-se ali, numa cripta. Verdi repousa em companhia de "colegas", homens e mulheres que, mesmo modestamente, consagraram também a vida para a arte da música.

Esse artesão escondido por trás de sua obra acredita, porém, nas exigências da inspiração, concebida como o despertar de forças intuitivas poderosas, destinadas a guiar o ato criador. Ele combina aquilo que poderia parecer um paradoxo: o artesanato submetido ao público – isto é, a obra – se vê investido da vibração das energias que os românticos souberam desencadear.

A palavra energia possui uma significação essencial na música de Verdi. O compositor opera pelo primado da intensidade energética. Para tanto, acima de tudo, possui o sentido da economia e do essencial. Nada deve ser esparramado, desperdiçado; tudo deve possuir um vetor necessário, do qual cada elemento da obra depende e ao qual se submete. Verdi estreita os seus fluxos para obter maior densidade – como os rios que, ao se canalizarem numa garganta, adquirem ímpetos intensos. Dessa maneira, se o compositor emprega as formas tradicionais na ópera – árias, duetos, recitativos etc. –, é apenas na medida em que elas acionam suas intenções dramáticas. Tais intenções se desenvolvem num encadeamento inexorável. O núcleo é sempre formado por situações fortes, muitas vezes, até brutais.

Essa nervura principal é alimentada não por uma progressão que amplia aos poucos seus estados paroxísticos, como tão freqüentemente acontece na música de Wagner. Ao contrário, Verdi exacerba as faculdades sensíveis do ouvinte pela seqüência de situações contrastadas: violência, paixão, lamentos sucedem-se com rapidez fulminante, banhados em conflitos. A obra de Verdi desencadeia pulsões que se precipitam. Os inícios de suas óperas são, o mais das vezes, fulminantes: é o caso, literal, de *Otello*, com os raios e trovões de uma assustadora tempestade. O tempo que Wagner toma para desenrolar um prelúdio lento, extático, como o de *Tristão e Isolda*, é pouco mais ou menos o tempo que Verdi emprega para todo o primeiro quadro de *Rigoletto*, fazendo jorrar, de cambulhada, um flerte cínico, um complô, uma cena patética com um pai desonrado, concluindo-se por uma terrível maldição, além de outras coisinhas menores que ocorrem em percurso.

Verdi espera que esses efeitos abalem os nervos dos ouvintes ao produzirem choques sucessivos. Habitados por um lirismo veemente, os seres adquirem uma carga humana que se torna vertiginosamente profunda, porque confrontada, a cada vez, com uma experiência extrema. Em suas primeiras óperas, tudo isso se concentra nos personagens, na progressão implacável de seus infortúnios. É um afunilamento. Depois, em sua maturidade, o quadro se alarga, e uma dimensão histórica mais ampla serve de cenário ao conjunto: Verdi não é insensível às concepções do *grand-opéra* francês. Mas, mesmo aqui, mesmo nos triunfos de *Aida*, ou no auto-de-fé do *D. Carlo*, a coerência arrebatada e essencial de cada personagem afirma-se. Além disso, a construção dos heróis verdianos é feita de ópera em ópera, por retornos que acentuam a complexidade de cada um e, ao mesmo tempo, indicam uma espécie de grande matriz primordial cuja descoberta se faz *a posteriori*. Por exemplo, o tema obsessivo da mão paterna, no universo verdiano, possui coerência e unidade, reforçadas pela perspectiva dramática em que se inserem Rigoletto, Filipe II, Boccanegra, entre muitos outros.

Desde 1842, com *Nabucco*, a ópera italiana se via transformada pela força incisiva de Verdi. Ela estava ligada aos acontecimentos políticos e anunciava os vínculos do compositor com o Risorgimento, movimento que se opunha aos ocupantes estrangeiros da península e buscava a unidade do país. Sua obra surgia militante, e seus corais vibravam nas batalhas, cantados pelos patriotas. Para evitar a censura, aparecia pichado nas paredes "Viva Verdi": todos sabiam que se tratava de "Vittorio Emmanuele Re d'Italia", uma sigla referindo-se ao rei do futuro país unido.

Desse primeiro período, algumas óperas sempre se mantiveram no repertório dos teatros: *Nabucco, Ernani, Macbeth*. As mais esquecidas são, elas também, poderosas e complexas: *Atilla* é um excelente exemplo, em que, no final, não se sabe mais quem são os bons, quem os maus, entre os amigos e inimigos.

Durante uma boa parte do século XX, um certo gosto pretensamente intelectual e sofisticado nutria desconfiança pela música de Verdi, sobretudo por aquela de seu período inicial. A modernidade chique não perdoava ao autor de *Falstaff* e de *Otello* as "banalidades" da *Traviata* ou do *Rigoletto*. No melhor dos casos, os críticos buscavam desculpas: o compositor não atingira a maturidade e cedia a compromissos com um sistema comercial que explorava a ópera da maneira mais rentável. Felizmente, diziam, Verdi encontrara seu gênio na velhice, e sua imensa celebridade, em fim de carreira, permitira-lhe a verdadeira liberdade da criação artística.

Ele próprio, o grande músico, referia-se a certo período de sua trajetória como os *anni di galera*, quando era obrigado a escrever, para sua subsistência, sob a pressão de empresários. Oferecia assim uma caução a essas concepções seletivas. No entanto, agora que todas as suas óperas, mesmo as mais esquecidas – como *Alzira, Atilla, I Masnadieri, I Due Foscari*, para citar algumas ao acaso –, voltaram plenamente ao repertório, é uma soberba unidade em evolução que se revela.

Nos primeiros dez anos de carreira, Verdi tornou-se célebre sobretudo na Itália. Conquistou os teatros do mundo todo a partir da trilogia composta entre 1851 e 1853: *Rigoletto, La Traviata, Il Trovatore*, em que o drama individual atinge seu apogeu. Depois, aos poucos, a história coletiva insere-se, intrincada com as singularidades humanas. No final, o sucesso que Wagner adquire cada vez mais nos meios musicais italianos suscita respostas originais: *Otello* e *Falstaff*, extraordinárias óperas, produtos de uma velhice fecunda.

Quando termina *Falstaff*, composição de modernidade *sui generis*, que exala juventude, Verdi tem oitenta anos.

Giuseppe Verdi

4. OTELLO*

A Voz Suficiente do Ciúme

Machado de Assis constata, numa passagem de *Dom Casmurro*, a fragilidade dos motivos que incendiaram os ciúmes violentos de Otelo:

> Vi as grandes raivas do mouro, por causa de um lenço – um simples lenço – e aqui dou matéria à meditação de psicólogos deste e de outros continentes, pois não pude me furtar à observação de que um lenço bastou a acender os ciúmes de Otelo e compor a mais sublime tragédia deste mundo. Os lenços perderam-se, hoje são precisos os próprios lençóis; algumas vezes nem lençóis há, e valem só as camisas[1].

---

* Originalmente publicado em *Os Sentidos da Paixão*, vários autores, São Paulo, Companhia das Letras, 1987, pp. 229-250, sob o título "O Lenço e o Caos".
1. Machado de Assis, *Obra Completa*, Rio de Janeiro, Nova Aguilar, 1985, vol. I, p. 934.

Os grandes movimentos da alma que habitam os personagens da tragédia de Shakespeare foram objeto de investigações incontáveis: como compreender a progressão fulminante desse ciúme inexistente pela manhã e assassino à noite? Como descobrir as razões das manobras de Iago? Otelo, numa concepção muito corrente, seria a *encarnação* do ciúme, como Harpagon é o arquétipo do avarento. Ora, Shakespeare nos diz na peça, várias vezes, que o caráter de Otelo não é afetado pelas paixões ("uma natureza que a paixão não pode sacudir")[2] e que, particularmente, seu ser desconhece o ciúme. Desdêmona o afirma: "creio que o sol sob o qual ele nasceu secou nele todos os humores do ciúme"[3], e o próprio protagonista, antes de matar, declara "não ser facilmente ciumento"[4].

O ciúme aparece então como alguma coisa que atua do exterior – ele corrói, ataca, abala a constituição moral de Otelo, fazendo dele um outro. "Cuidado, senhor", diz Iago, "com o ciúme; É um monstro de olhos verdes que zomba do alimento de que vive"[5]. Menos do que um caráter ciumento, Otelo aparece como um exemplo do ser que é tomado, de modo fulgurante, pela paixão.

Sobre Iago, múltiplas explicações causais também foram oferecidas. Nenhuma satisfaz. Dizer que Iago agiu por ressentimento, por ter sido preterido numa promoção, ou porque ele próprio desconfia de que Otelo tenha sido amante de sua esposa, Emília, isto é, repetir as justificativas dadas pelo próprio personagem no texto shakespeariano, é muito pouco. Maquinações, cujo objetivo é destruir a vida e a honra de muitas pessoas, não podem se contentar com qualquer desculpa simples e precisa. Em realidade, nenhuma causa, nenhum porquê são suficientes; toda razão para os atos dos personagens parece sempre irrisória, mesmo – e, sobretudo, – as análises de ordem psicológica.

---

2. "This the nature / Whom passion could not shake?", ato IV, cena 1, 1. 268-269. Cf. também ato III, cena 4, 1. 134-139.

3. "I think the sun where he was born/ Drew all such humours from him", ato III, cena 4, 1: 30-31.

4. "Of one not easily jealous", ato V, cena 2, 1. 345.

5. "O, beware, my lord, of jealousy;/ It is the green-eyed monster, which doth mock/ The meat it feeds on", ato III, cena 2, 1. 166-170.

Aqui, não se trata de psicologia, mas dos mistérios da paixão. O sentido global não se reduz a nenhuma causalidade explícita, ou a múltiplas causalidades, ou à soma de todas as causalidades. O século XX inventou o analista, mas matou o trágico, e a mais sublime tragédia deste mundo, como dizia Machado, cabe num lenço. Ou, para retomar a frase conclusiva de Iago: "Não me pergunteis mais nada: o que sabeis, sabeis; de ora em diante não direi mais palavra"[6].

Resta-nos, então, considerar a tragédia *Otelo* como uma voz suficiente, capaz de nos falar dessa paixão que é o ciúme. Nós podemos abandonar os porquês, e tentar perceber alguns *modos* dessa fala. E também – é o nosso propósito – descobrir suas metamorfoses, quando, de fala, ela se torna canto, graças a Rossini e Verdi.

O Amálgama Impuro

É possível entrever, mesmo como se através de um vidro opaco, os fantasmas que habitam as paixões de Otelo. Shakespeare não oferecerá jamais a transparência. O ciúme, em sua tragédia, nasce num terreno incerto, mergulha suas raízes em camadas secretas e atinge pontos fortemente sensíveis, perturbadores. Seu dinamismo é falsamente unívoco; seu tropismo se compõe, em realidade, de ambigüidades poderosas que não podem ser claramente definidas. O ciúme de Otelo não possui uma forma lapidar – não se trata, como já dissemos, de um caráter, à maneira de Teofrasto ou La Bruyère: trata-se de uma afecção da alma, aprisionada num amálgama impuro, em que cada elemento contamina os outros.

Como é esse ciúme? Não um ciúme intelectual, nem, rigorosamente, um ciúme sentimental. Em Otelo, essa paixão da alma lembra o escólio da proposição 35, da terceira parte da *Ética* de Espinosa, que diz o seguinte: "Quem imagina que a mulher que ama se entrega a outro entristecerá, não somente porque seu próprio desejo estará reduzido, *mas tam-*

---

6. "Demand me nothing, what you know, you know/ From this time forth I never will speak word", ato V, cena 2, 1. 303-304.

bém porque é obrigado a reunir a imagem da coisa amada às partes pudendas e excreções do outro, e terá aversão a ela"[7]. Partes pudendas, excreções: trata-se, portanto, de ciúme com uma carga profundamente *corporal*. Assim é em *Otelo*, em que imaginário, sentimentos e corpo não se separam.

No terceiro ato, a *mão* de Desdêmona é objeto de reflexões trazidas pela suspeita. Diz Otelo: "Quente, quente e úmida: esta sua mão pede o enclausuramento, o jejum e a prece, muitas mortificações, exercícios piedosos; pois aqui existe um jovem demônio que transpira e que tem o hábito de se revoltar"[8]. Um momento de paroxismo é atingido na primeira cena do quarto ato, quando o mouro quer saber o que teria Cássio confiado a Iago:

OTELO – O que disse ele?
IAGO – Meu Deus, que ele..., eu sei o que ele fez.
OTELO – O que, o quê?
IAGO – Deitado...
OTELO – Com ela?
IAGO – Com ela, sobre ela; como quiserdes.
OTELO – Deitado com ela! Deitado sobre ela! Dizemos que alguém se deita sobre ela quando a está cobrindo. Deitado com ela! Ah! é asqueroso![9]

Ou, na cena três do terceiro ato, Otelo lembra-se de sua tranqüilidade, quando ainda tudo ignorava: "Eu não encontrava os beijos de Cássio sobre seus lábios" e "eu seria feliz

---

7. Espinosa, *Ética*, trad. Lívio Xavier, Ediouro. O grifo é meu.
8. "Hot, hot and moist: this hand of yours requires/ A sequester from liberty, fasting and prayer,/ Much castigation, exercise devout;/ For here's a young and sweating devil here,/ That commonly rebels", ato III, 4, 1. 39-43.
9. "O – What hath he said?
I – Faith, that he did – I know what he did.
O – What, what?
I – Lie...
O – With her?
I – With her, on her; what you will.
O – Lie with her! Lie on her – we say lie on her, when they belie her. – Lie with her! Zounds, that's fulsome!", ato IV, cena 1, 1. 31-37.

se todo o acampamento, até o último dos cavadores, tivesse gozado de seu corpo suave, se eu não tivesse sabido nada"[10].

Iago, ao descrever as supostas relações de Desdêmona e Cássio, em sua adjetivação e metáforas, retirará todo o sentimento e a espiritualidade, para reduzi-los a uma completa animalidade: "ardentes como bodes, quentes como macacos, luxuriosos como lobos no cio"[11].

Essa corporeidade se torna extremamente ambígua com a narração feita por Iago do sonho de Cássio. É Iago quem fala:

> Há algum tempo, eu estava deitado com Cássio [...] e eu o ouvia dizer em seu sono "Suave Desdêmona, sejamos prudentes, escondamos nossos amores", e então, senhor, ele agarrava e torcia minha mão, gritando: "Doce criatura!", e então me beijava fortemente, como se quisesse arrancar pelas raízes beijos crescendo em meus lábios, então passava sua perna sobre minha coxa, suspirava, me beijava e então gritava: "Maldito seja o destino que te entregou ao mouro!"[12]

É evidente que a presença do corpo no ciúme leva, insensivelmente nesta passagem (em que, de modo surpreendente, Iago toma o lugar de Desdêmona), a uma coloração homossexual que faz parte, sem que se possa considerá-la como explicativa, do amálgama complexo constitutivo da paixão a que fiz referência.

Preto e Branco

Esse ciúme corporal, fortemente sexualizado, revela um outro componente: a questão racial.

---

10. "I found not Cassio's kisses on her lips", ato III, cena 3, 1. 341. "I had been happy, if the general camp,/ Pioneers and all, had tasted her sweet body,/ So I had nothing known", ato III, cena 3, 1. 345-347.

11. "... as prime as goats, as hot as monkeys,/ As salt as wolves inpride", ato III, cena 3, 1. 403-404.

12. "I lay with Cassio lately, [...]/ In sleep I heard say 'Sweet Desdemona,/ Let us be wary, let us hide our loves'/ And then, sir, would he gripe and wring my hand,/ Cry 'O sweet creature!' and then kiss me hard,/ As if he

No fim do século XVII, Thomas Rymer, que deixou comentários sobre o teatro de Shakespeare, considera que a moral da peça é a seguinte: "uma advertência para que as moças de boa família não fujam com mouros sem o consentimento de seus pais"[13]. Essa pérola mostra como, desde sempre, por detrás do amor, do ciúme, da tragédia, se encontra em *Otelo*, latejante, o fato ineludível de que se trata da paixão recíproca de um negro por uma branca.

Fato ineludível, se considerarmos o texto shakespeariano, que é perfeitamente explícito sobre esse ponto. Mas seria possível fazer uma longa história da má-fé com a qual tentou-se negar a cor da pele do mouro.

Coleridge, nas *Conferências sobre Shakespeare*, diria. "Seria monstruoso pensar que essa bela e jovem veneziana se apaixonasse por um verdadeiro negro"[14]. Lord Derwent, em sua biografia de Rossini, conta que o tenor Tacchinardi, intérprete de *Otello*, fez imprimir, num programa de 1819, as seguintes indicações:

> Poder-se-á perguntar por que Otelo não aparecerá no palco maquilado como um mouro, como pede, por razões que nos escapam, o texto inglês. Mas como parece impossível que uma jovem amável, cortejada por moços atraentes, caia apaixonada por um mouro cujo aspecto só pode ser considerado horrível e aterrador, o *signor* Tacchinardi decidiu tomar uma forma menos repulsiva, o que nos parece mais plausível, pois, afinal de contas, nem todos os filhos da África são marcados por um rosto negro[15].

E Tacchinardi representou um Otelo de tez imaculadamente branca.

As razões do tenor – que evidentemente hoje nos parecem infames e ridículas – são, no entanto, alguns dos próprios argumentos que Iago destilará nos ouvidos de Otelo, fazendo

---

pluck'd up kisses by the roots,/ That grew upon my lips: the laid his leg/ Over my thig and sigh'd and kiss'd, and then/ Cried 'Cursed that gave thee to the moor!' ", ato III, cena 3, 1. 413-426.

13. Citado por Philippe Reliquet, "Otello, drame raciste", *L'avant-scène opéra*, 3, maio-jun. 1976.

14. Citado por Maurice Castelain, "Introduction à *Othello*", em *Othello*, Paris, Aubier-Montaigne, 1959, p. 29.

15. Citado por Lord Derwent, *Rossini*, Paris, Gallimard, 1937, pp. 98-99.

com que o mouro *assuma* e *admita* sua própria animalidade monstruosa. Diz Iago:

> Assim – para vos ser franco – ter recusado tantos partidos que se ofereciam a ela, de seu próprio clima, de sua raça, de sua posição – como vemos a natureza preferir em todas as coisas – bah! pode-se perceber nisso um desejo corrompido, uma desproporção imunda, pensamentos contra a natureza[16].

O racismo parece ser tão mais insuportável quanto ele se exprime numa relação de ordem carnal. O corpo alvo e luminoso de Desdêmona contra a pele escura de Otelo: eis o que podia horrorizar. Victor Hugo, cujo amor por Shakespeare e o afeto pelas vítimas era imenso – e que também não conseguia resistir a uma antítese –, escreveu: "O que é Otelo? É a noite. Imensa figura fatal. A noite está apaixonada pelo dia. O negror ama a aurora. O africano adora a branca. [...] Ele tem o brilho de vinte vitórias, esse Otelo; mas ele é negro"[17].

Aqui não há preconceito: ao contrário, a cor da pele é elevada à metáfora literária, e Otelo, o negro, adquire uma grandeza cósmica. Mas, ao mesmo tempo, sua união com Desdêmona perdeu todo caráter físico. Para que Victor Hugo possa aceitar esse casal, ele precisa afastar toda substância corporal, tudo o que possa nos levar à sexualidade. Ora, em Shakespeare essa sexualidade inter-racial, carregada de preconceitos, está presente desde o início da peça e, em contraste com a espiritualização hugoana, cito as palavras de Iago, quando anuncia a Brabâncio, o pai de Desdêmona, o casamento de sua filha com o mouro: "Agora mesmo, neste momento, um velho bode negro está cobrindo vossa ovelha branca... o diabo vos fará ficar avô"[18].

---

16. "[...] as – to be bold with you – / Not to affect many proposed matches/ Of her own clime, complexion and degree./ Whereto we see in all things nature tends –/ Foh! one may smell, in such, a will most rank./ Foul disproportion, thoughts unnatural", ato III, cena 3, 1. 228-233.

17. Victor Hugo, *William Shakespeare*, Paris, Flammarion, 1973, p. 201.

18. "Even now, very now, an old black ram/ is tupping your white ewe/ [...] the devil will make a grandsire of you", ato I, cena 1, 1. 87-91. Cf. também, mais adiante, "you'll have your daughter covered with a Barbary horse", 1. 110-111. E "your daughter and the moor are now making the beast with two backs", 1. 116-117.

Otelo é portanto uma peça vinculada ao sexo. Ela não é, porém, circunscrita a uma certa "normalidade" nem, por outro lado, aos desvios francamente caracterizados. Nem sequer essa sexualidade é inteiramente confessa: ela roça zonas sensíveis e semiconscientes, flui por terrenos indefiníveis, rela em pontos nevrálgicos: inter-racialidade, homossexualismo, diferenças de idade e de cultura (a presença de Cássio é a lembrança constante e exasperadora de uma adequação convencional e imaginária, impossível para a mixórdia inextrincável de que são feitos os seres, mas desejada no entanto), inveja, submissão, poder.

O ciúme nasce dessa e de outras coisas, mais ou menos ocultas, mais ou menos veladas. Sua conflagração remexe no lodo fundo e não sabido. *Otelo* não é um instrumento para se "pensar" a sexualidade, é um contemplar o surgimento, aqui e ali, entrevistos, entre-sentidos, de fragmentos diversos e inesperados que fazem parte dela, pelas nuanças, pelas combinações e dosagens, que passam pelo imperceptível.

Inexorável, Acaso, Absurdo

O jogo impuro entre os seres pode acarretar a desordem do mundo. Shakespeare detalha a tortura moral a que Iago submete Otelo. Mas o ciúme do mouro não se manifesta apenas como sofrimento interior. Ele é, também, crime. A vítima, no entanto, não é a mesma das ocorrências policiais. Desdêmona, durante a peça, se mantém num plano secundário, embora tenha um momento de afirmação no primeiro ato, quando escolhe seguir Otelo contra a vontade de seu pai e contra os usos da República de Veneza. Mas ela escolhe para melhor se entregar aos acontecimentos funestos que virão. Ela é Desdêmona – o que quer dizer, em grego, a infortunada. E, no final, ela ressurgirá como a vítima sacrificial: etapa por etapa, um ritual se constrói – os lençóis são postos na cama, e Desdêmona os quer como mortalha. Ela veste a sua camisola nupcial, se prepara para dormir e, como numa liturgia, entoa um canto que fala da guirlanda de ramos de salgueiro: coroa imaginária para o holocausto.

Na peça, tudo progride inexoravelmente em direção do sacrifício, tudo é disposto para o final implacável. Já se observou muitas vezes que, das tragédias de Shakespeare, *Otelo* é a que avança de modo mais econômico e concentrado para seu fim, sem que nada venha distrair o espectador desse progresso. Para um teatro que sempre cultivou a variedade, a multiplicidade de situações, de cenas, de personagens, de épocas e de lugares, *Otelo* surge como singular: se excetuarmos o primeiro ato, as célebres leis das três unidades do teatro clássico – de tempo, de espaço e de ação – se encontram observadas.

Um progresso firme, coerente, necessário, lógico. Um arcabouço teatral de grande solidez. Mas Otelo diz uma pequena frase no terceiro ato: "Quando eu não mais te amar, será o retorno do caos"[19]. E lembremo-nos da observação de Machado: "Tudo isso por um lenço?" É que esse progresso, essa necessidade implacável, essa aparente "lógica" da tragédia, repousa sobre o absurdo e o inexplicável.

Em "O Princípe Cansado"[20], Erich Auerbach lembra uma diferença fundamental entre a tragédia antiga e o teatro shakespeariano. Na primeira, destino, fatalidade vêm inscritos em leis exteriores aos homens que se encontram como que em trilhos, dos quais, uma vez encarrilhados, é impossível sair. Nessa perspectiva, podemos dizer que, no interior do mecanismo da fatalidade antiga, o acaso aparece como um acontecimento cujas razões o personagem desconhece, mas não é verdadeiramente o imprevisto, o inesperado, aquilo que não pode ser explicado. O acaso é instrumento da fatalidade e a fatalidade atribui um sentido aos acontecimentos trágicos e ao mundo. No teatro elisabetano, o trágico está ligado à particularidade do personagem "que não se confunde com nenhum outro"; ele se torna assim específico, único. "A idéia de destino é, a um tempo, concebida mais largamente e ligada mais estreitamente ao caráter individual do que na tragédia antiga."[21]

---

19. "And when I love thee not,/ Chaos is coming again", ato III, cena 3, l. 91-92.
20. Em Erich Auerbach, *Mimesis*, Paris, Gallimard, 1968. Trad. bras., São Paulo, Perspectiva, 1972.
21. *Idem*, p. 323.

As peças de Shakespeare mostram que o acaso é alguma coisa de incompreensível, mas com o qual é preciso contar, porque faz parte do mundo. Agente da catástrofe, sua presença é o sinal da inexistência de um sentido explícito para aquilo que Montaigne chamaria "a humana condição". Ele indica também a perplexidade diante da ausência perceptível de qualquer desígnio superior, de qualquer sinal decifrável no mundo. O acaso revela a possibilidade humana de constatar os mecanismos do universo, mas a sua incapacidade completa de atingir as razões profundas. Se elas existem ou não, no fundo, pouco importa: o homem é condenado ao absurdo.

O Lenço e o Caos

Shakespeare criou incontáveis personagens que tentam substituir o princípio do acaso, a organização incoerente do mundo por um projeto – o mais das vezes fracassado – e que procuram concatenar as ações humanas num plano que possui um objetivo claro, uma lógica interna: basta lembrar o frei Lourenço, de *Romeu e Julieta*. Ele procura organizar um plano para que a tragédia não aconteça, para que a união feliz possa se dar. Mas logo o absurdo volta à tona. Ainda mais porque esses demiurgos que arquitetam relações não dominam o ser das coisas e só podem dispor das aparências, falsos semblantes. Frei Lourenço, por exemplo, tentará se servir de uma pseudomorte.

Nesse caminho, são freqüentes os personagens hipócritas que separam o dizer do sentir. Muito constantes também são as representações dentro da representação teatral, situações expressamente dispostas por alguns personagens para enganar, e assim modificar sentimentos, ou induzir tal ou qual personagem a agir de um modo ou de outro.

Iago é desse tipo. Ele é o arquiteto do destino, co-autor da tragédia. Ele é o que mente: "não sou o que sou"[22], dirá, numa tirada célebre. Ele é quem constrói uma representação

---

22. "I am not what I am", ato I, cena 1, 1. 65.

na qual Otelo, espectador secreto, ouvirá imperfeitamente frases de Cássio. Ele, enfim, dará ao lenço sua carga de morte.

Se é claro o norte de suas ações – encaminhar a tragédia ao seu desfecho – seus fundamentos continuam insondáveis, no entanto. Ele confere apenas uma aparência de sentido aos acontecimentos, e em realidade apenas dissimula o absurdo.

É que as paixões humanas são, elas próprias, inexplicáveis. O lenço revela o caos, mas o caos existe sem o lenço. Como diz Emília: "O ciúme é um monstro que se gera em si mesmo e de si mesmo nasce"[23]. A rigor, Iago seria dispensável na tragédia. Quem no-lo confirma é o próprio poeta.

Alguns anos depois de ter escrito *Otelo*, Shakespeare criará uma peça fascinante e estranha na qual o ciúme voltará como tema. Trata-se de *Conto do Inverno*. Mas aqui, o rei Leontes da Sicília não tem razão nenhuma para suspeitar de sua mulher, Hermíone – nem sequer um lenço, nem um fio de cabelo. O suposto amante seria seu amigo fraterno Políxenes, rei da Boêmia, que Leontes conhece profundamente, desde a adolescência, e de cuja lealdade é impossível duvidar.

Mas, de um momento para o outro, Leontes tem a convicção de ser traído. Na peça existe mesmo um anti-Iago, um personagem chamado Camilo, que procura convencer o rei do caráter ilusório de seu ciúme, doentio fantasiar. Porém, mais a inocência da esposa se explicita, mais o sentimento de que ela é culpada se exaspera no rei. A um tal ponto que Leontes ordena uma consulta ao oráculo de Delfos, cuja resposta é a afirmação indiscutível da fidelidade de Hermíone e do caráter sem mácula de Políxenes. O comentário de Leontes é apenas uma seca negação absoluta: "Não há verdade nenhuma nesse oráculo. [...] É só mentira". Contra todas as razões, o ciúme aparece como um acesso inexplicável.

Faço esta referência ao *Conto do Inverno* para lembrar a que extremo pode chegar em Shakespeare o irredutível mistério das paixões humanas. Em Leontes o ciúme é, por assim dizer, puro, sem mistura; é um absurdo que existe de per si, auto-engendrado. A grande diferença de *Otelo* é que o *Conto*

---

23. "Tis a monster/ Begot upon itself, born on itself", ato III, cena 4, l. 161-163.

do Inverno tem o tom da lenda. *Otelo*, ao contrário, faz o ciúme nascer de situações que não são as da fábula distante. Embora também não tenha razões ou causas, possui uma existência espessa e turva.

Lembremos ainda uma questão: o amor. Ele não se confunde com a paixão. A frase de Otelo já foi citada: "quando deixar de te amar, será o retorno do caos". Isto é, o amor aparece sobre um fundo de desordem e é ele que instaura a ordem. É possível, então, perceber em Shakespeare o amor não apenas como atração sentimental entre dois seres, mas como o Eros herdado da Antigüidade, que foi amplificado pelos comentadores da Renascença, particularmente Marcilio Ficino. Isto é, Eros, aquilo que associa, que engendra, que faz com que o ser *seja*, aquilo que o extrai do caos. Desse modo, o amor seguido de morte, em Shakespeare, não seria a vitória dos sentimentos espiritualizados sobre o mundo material e finito – o "inda mais te amarei depois da morte" dos românticos – mas a persistência do princípio erótico, apesar da guerra que lhe trava o mal (que pode ser visto, de um modo geral, como todos os princípios de corrupção, como o "antieros"; nesses princípios estão inseridas as paixões).

Otelo e Desdêmona, em nenhum momento da peça, deixam de se amar. A morte deles se dá no leito que os une afetiva e carnalmente; são vítimas e ao mesmo tempo virtualmente vitoriosos contra o poder desagregador do caos, porque são portadores de um princípio harmônico num mundo de desordem. Talvez um dos sentidos trágicos mais profundos de *Otelo* (e de algumas outras obras de Shakespeare) se encontre justamente no desenrolar de uma luta na qual o caos – que não cessa de ameaçar a harmonia – seja aparentemente vencedor.

Rossini, Desdêmona

Depois dessas observações a respeito da "matriz" shakespeariana, podemos passar à sua transformação em ópera.

Em primeiro lugar, por ordem cronológica, o *Otello* composto por Rossini em 1816. O compositor tinha então vinte e quatro anos e já conquistara uma grande celebridade. O libreto, escrito por um napolitano, Francesco Maria Berio, marquês de Salza, toma liberdades imensas com a tragédia que o inspira. Lord Byron escreve, a respeito de uma interpretação da ópera a que assistiu: "crucificaram Shakespeare".

A questão é que, no continente, Shakespeare era sobretudo conhecido através de algumas traduções aproximativas feitas por Voltaire para o francês e por algumas adaptações livres de Ducis, realizadas sob o reinado de Luís XVI, que foram, durante muito tempo, os principais meios de acesso em língua latina à obra do grande Will. Além disso, durante o século XVIII, muitas peças, retomando situações shakespearianas, foram escritas. O grande avatar de *Otelo* no século XVIII foi a *Zaïre* de Voltaire, tragédia então muito célebre.

Desse modo, há, entre o libreto do marquês de Salza e Shakespeare, vários filtros. Tratava-se também de "fabricar" uma ópera num sistema de produção de espetáculos que não se preocupava com a fidelidade ao original[24]; um pouco como as adaptações literárias nos filmes de Hollywood da grande época. Shakespeare se tornava assim, essencialmente, um repertório de personagens e situações.

As discrepâncias são muitas entre as duas obras, de Shakespeare e de Rossini. Além de modificações consideráveis no entrecho, há mudanças de detalhes que nos parecem hoje extravagantes: a história transcorre inteiramente em Veneza; Desdêmona é apunhalada e não asfixiada. Especialmente, o lenço é substituído por uma carta de amor[25].

24. Roger Fayolle, em sua introdução a *Racine et Shakespeare* de Stendhal (Garnier-Flammarion, 1970), lembra a indignação precoce do autor da *Chartreuse* contra as adaptações e traduções infiéis, que proclamava, desde 1817, "Il nous faut du Shakespeare pur" (p. 22). Victor Hugo dirá também em *William Shakespeare* (*op. cit.*, p. 180), a respeito da nova tradução de seu filho François-Victor Hugo (a primeira realmente fiel em idioma francês): "Ce Shakespeare sans muselière, c'est la présente traduction". Sabe-se que Garrick, no século XVIII, embora tentando uma "volta" aos textos originais de Shakespeare, não hesitava, por exemplo, em fazer o *Rei Lear* terminar com um final feliz. Para as representações de Roma, o próprio Rossini modificou seu *Otello*, fazendo-o terminar por um harmonioso dueto de amor, extraído de uma outra ópera sua. Os romanos haviam julgado a história triste demais.

25. Provável influência da *Zaïre* de Voltaire, em que o instrumento da suspeita é uma carta. Sobre as convenções do teatro clássico francês, que

Mas há uma transformação mais profunda que se passa na relação entre os personagens. Desdêmona torna-se indiscutivelmente preponderante e isso vai dar uma dimensão inesperada à tragédia. Não que essa importância atribuída à heroína tivesse, como ponto de partida, o que os intelectuais de hoje chamariam de uma "releitura" do texto de origem. Simplesmente, o papel precisava ser desenvolvido porque era destinado a uma estrela: Isabella Colbran, que possuía uma extraordinária voz de registro grave e que, acima de tudo, era esposa de Rossini[26].

O libreto reduz a relação entre Otelo e Iago a um esquematismo e a uma rapidez desconcertantes, fazendo deles personagens francamente incoerentes, mas constrói uma Desdêmona sensível, "sensitiva", que desde o início é investida pela angústia e pela premonição de seu destino. Se na ópera de Rossini a progressão do ciúme de Otelo é quase inexistente, nós podemos perceber, como num reflexo, como num espelho, a opressão que cresce no espírito de Desdêmona. Desse modo, não só o personagem feminino ocupa o primeiro plano, como a tragédia se passa *dentro* dele.

Evidentemente, o ponto culminante é o ritual da morte, que a Desdêmona de Rossini, ao contrário da de Shakespeare, parece desejar. Seu fim deixa uma impressão suicidária, no desespero de uma aflição que deve acabar a qualquer preço.

Mais a ópera avança para o desfecho, mais os sinais anunciadores do sacrifício se multiplicam, as premonições mais intuitivas, mais secretas obcecam Desdêmona. O marquês de Salza tem um achado notável: ele faz passar, diante da janela de Desdêmona, um gondoleiro (não nos esqueçamos que a ação, na ópera, transcorre toda em Veneza) que entoa uma canção lúgubre cujo texto é extraído do "Inferno"

---

recusavam palavras e expressões consideradas vulgares (lenço – *mouchoir* – sendo uma delas), cf. algumas passagens de *Racine et Shakespeare* de Stendhal, particularmente a seção IX de "Réponse à quelques objections", *op. cit.*, pp. 93 e ss. Para uma comparação entre *Otelo* e *Zaïre*, cf. a extraordinária análise de Leo Spitzer: "Quelques interprétations de Voltaire", em *Etudes de style*, trad. por Eliane Kaufholz, Alain Coulon e Michel Foucault, Paris, Gallimard, 1970, pp. 336 e ss.

26. Para quem Rossini escreveu um grande número de óperas.

de Dante, com o qual Rossini, musicalmente, realiza algo de impressionante: o gondoleiro se impõe como mensageiro da morte, a sua gôndola se transforma numa espécie de barca de Caronte.

Mas é a canção do salgueiro certamente o apogeu da obra. A música de Rossini é sempre associada ao vigor, à energia, a uma vitalidade sem grandes nuanças e também a uma facilidade bem-aventurada em favorecer a virtuosidade dos cantores. Aqui, nem uma coisa nem outra[27].

A canção do salgueiro se constrói sobre acompanhamento reduzido de harpa, depois violinos, em seguida clarineta e flauta. A melodia é lenta, feita de notas longas. A cada estrofe – quatro ao todo – ela vai sofrendo alterações com ornamentos que a perturbam, modificam estranhamente, criando pouco a pouco um clima de melancolia e opressão.

Desdêmona canta as três primeiras estrofes – e o texto da terceira é tão soturno que a angústia criada impõe uma interrupção, musicalmente acentuada por uma dissonância. O vento irrompe, traduzido pelos violinos. Essa lufada, presente em Shakespeare (e que Verdi irá também utilizar), se carrega de um valor premonitório suplementar. Desdêmona retoma a canção, mas a ânsia novamente a interrompe. Despede-se então de Emília dando-lhe – é o texto que diz – o derradeiro beijo.

Shakespeare, Verdi, Boito

A gênese do *Otello* de Verdi é muito diferente da que presidiu à obra de Rossini. A estréia se dá em 1887, e Verdi tinha então setenta e quatro anos. Sua força criadora continuava intacta, mas foi amadurecida não só por uma prática intensa de produção para os teatros de ópera, como por uma reflexão a respeito dos destinos da música.

A ópera italiana, na segunda metade do século XIX, abrira-se para influências internacionais – particularmente para o *grand-opéra* francês. Além disso, havia Wagner – o que sig-

---

27. Desdêmona, aliás, não tem, em nenhum momento, oportunidade para malabarismos vocais.

nificava, para Verdi, uma exigência de renovação na música sem que isso o fizesse cair no rol dos inúmeros epígonos do compositor germânico. Idoso e coroado de louros, Verdi, mais do que nunca, está pronto para abandonar as exigências da "indústria" de produção de óperas no século XIX e para encarar seu próximo trabalho de um modo mais conscientemente "enobrecido" do ponto de vista do *projeto* de uma *obra de arte*. Dá-se então o encontro com Arrigo Boito, o libretista.

Boito era também compositor, com imensas aspirações de reformar o teatro lírico. Mas produzia de modo lento e difícil, e escreveu apenas duas obras ambiciosas e monumentais – ambas, aliás, sobre o tema do mal: *Mefistofele* e *Nerone*. Altamente intelectual, imensamente culto, ele foi ainda um poeta brilhante, que empregava uma linguagem voluntariamente rara e arcaizante, e um esteta, um crítico implacável e agudo. Shakespeare, para ele, não era apenas um tema a mais. Era um escritor que ele conhecia profundamente e com quem tinha afinidades estreitas. E é ele quem faz a adaptação de *Otelo* para Verdi, e depois a de *Falstaff*.

Para Verdi, Shakespeare sempre foi um autor muito presente em sua cultura. Além de *Macbeth*, que, em 1847 – isto é, quarenta anos antes de *Otello* –, colocara admiravelmente em música, Verdi sempre acalentou o projeto de um *Rei Lear*, jamais realizado.

Estamos assim diante de uma situação de familiaridade e respeito para com o original e da vontade de produzir uma obra que se encontre à altura de Shakespeare – situação muito diferente da do jovem Rossini e de seu parceiro, o marquês de Salza.

A adaptação de Boito é magistral. Ela concentra a ação da tragédia, o que é de regra, tratando-se de um libreto de ópera, por natureza, mais conciso. E Boito utiliza a concisão sempre em benefício do que é apenas indispensavelmente necessário para que os caracteres se afirmem e a ação evolua.

Já disse que, sem o primeiro ato, a tragédia de Shakespeare obedeceria à regra das três unidades. Boito o corta, eliminando uma diversidade de situações e personagens que, diretamente, pouco estão implicados no ciúme de Otelo. Alguns monólogos, alguns personagens secundários, alguns crimes suplementares, presentes em Shakepeare, são também suprimidos. Em suma, a adaptação de Boito (adaptação notável, que mereceria análise detalhada) confere mais equilíbrio e densidade à ação. Não faltam mesmo especialistas sérios para julgar o *Otello* de Boito e Verdi superior ao de Shakespeare. Discussão evidentemente vã, mas capaz de mostrar que a confrontação entre as duas obras se faz à mesma altura.

Boito é fiel ao texto de Shakespeare – o que não quer dizer, entretanto, obediência subalterna. Há um *Othello* de Shakespeare e um *Otello* de Verdi.

Este último fala italiano, e fala a língua admiravelmente erudita de Boito. É assim um Otelo mais nobre e também mais pudico – estamos no século XIX –, e esse pudor contrasta com a crueza do texto shakespeariano. Além disso, suprimindo o primeiro ato, no qual a cólera de vários personagens se ergue em insultos contra o mouro, Boito atenuou as situações onde o racismo aflora – embora aqui e ali se fale em *uomo nero sepolcral* e *selvaggio dalle gonfie labbra*. Boito diminui também a freqüência e a intensidade das alusões corporais.

Porém, se essa corporalidade não é explicitada, ela não deixa de estar fundamentalmente presente no *Otello* de Verdi. Apenas, ela existe de outro modo.

A Corporalidade da Palavra

No *Otello* de Verdi há uma relação muito íntima entre as palavras e a música. Nem sempre foi assim na ópera: a mesma melodia podia ser empregada com textos os mais diversos, e o próprio princípio da ária, com a mesma linha melódica que se repete sobre estrofes diferentes, demonstra uma relação mais tênue entre o som musical e o som articulado. Significativamente, em *Otello* não existem árias no sentido estrito do termo, e, mesmo quando a composição deveria se encaminhar para uma forma tradicional, a relação com a palavra se torna preponderante. Assim, o *Chi a l'esca* de Iago poderia ser apenas uma canção de brinde como as de tantas outras obras da época, mas ela se integra perfeitamente na ação e apresenta efeitos extraordinários de relação com as palavras: basta lembrar a vertiginosa descida cromática sobre a palavra *beva*.

Não se trata, no entanto, apenas de uma "tradução" em música do sentido do texto, mas de uma relação mais complexa que, não abandonando esse aspecto, incorpora ainda a materialidade da palavra. Um bom exemplo é o canto heróico de Otelo ao desembarcar em Chipre:

> *Esultate! L'orgoglio musulmano*
> *Sepolto è in mar, nostra e del ciel è gloria!*
> *Dopo l'armi lo vinse l'uragano.*
>
> (Exultai! O orgulho muçulmano
> Está sepultado no mar, nossa e do céu é a glória!
> Depois das armas, venceu-o o furacão.)

Trata-se de decassílabos solidamente estruturados, com grande presença de palavras longas (*esultate, orgoglio, musulmano, sepolto, uragano*) e com uma alternância de *o* e de *a* nas tônicas, vogais largamente dominantes.

Ora, que faz a música? Ela dilata ainda mais essas palavras longas, que se tornam elásticas, e acentua, numa tensão extrema, justamente as tônicas. A música investe assim as palavras de uma existência palpável, corpórea, dando a elas materialidade definitiva, e, aos personagens, uma existência propriamente física através da voz.

A construção musical se carrega também de um sentido, embora não muito explícito – o que seria mecânico –, suficiente entretanto para provocar uma contaminação semântica.

[sheet music: E - sul - ta - te! L'or - go - glio mu - sul - ma-no se - pol - to mar, è in]

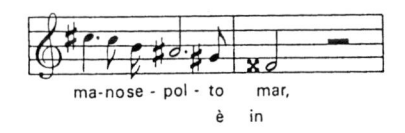

Desse modo, depois da exclamação *Esultate!*, a frase se termina pela idéia de sepultura, de naufrágio, de derrota: como por acaso, sua linha melódica é descendente. Em compensação, *céu, glória* são palavras do alto – o movimento melódico se torna então ascendente.

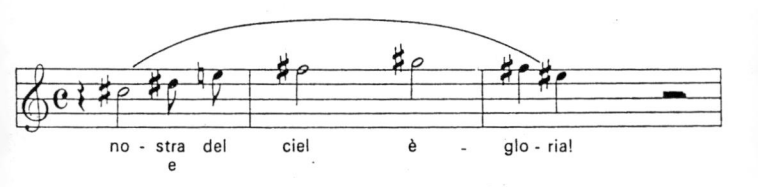

[sheet music: no - stra del e ciel è - glo - ria!]

Na última frase, os termos mais importantes – *armi, uragano* –, os instrumentos de derrota dos turcos, são colocados nitidamente em relevo pela melodia.

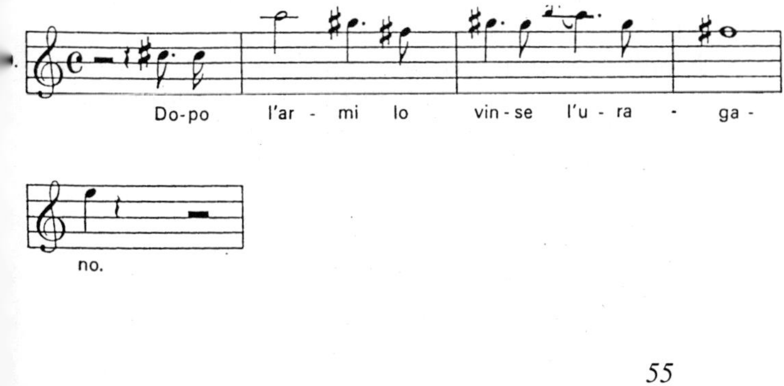

[sheet music: Do-po l'ar - mi lo vin - se l'u - ra - ga - no.]

Portanto, o som dá corpo à palavra – e é esse som corpóreo que substitui o falar sobre o corpo. Nesse sentido, o dueto entre Otelo e Desdêmona é, em realidade, um ato sonoro de amor.

O texto desse dueto, Boito o recuperara do primeiro ato shakespeariano que havia eliminado. Mas não há diálogo amoroso entre Otelo e Desdêmona na peça de Shakespeare. Na ópera, os dois, envolvidos por uma aura musical, se unem numa relação de profunda densidade apaixonada.

Não cabe aqui uma análise detalhada. Gostaria apenas de fazer algumas observações. O dueto se passa após uma cena extremamente agitada. É noite, o casal está a sós, sob um céu estrelado e à beira-mar. Verdi não faz música descritiva, mas sugere, por uma alquimia um pouco difícil de ser explicitada, a atmosfera que os envolve.

Tudo começa com o violoncelo, cuja melodia introduz a calma e cujo timbre sombrio introduz a noite. Ele prepara as primeiras palavras de Otelo, que falam de acalmia e serenidade. Depois, o casal relembra os momentos em que o mouro contava sua vida de aventuras: foi dessa forma que ele se fez amar por Desdêmona. A música é investida por uma espécie de movimento respiratório que se torna cada vez mais febril. Em seguida ("Venga la morte"), Otelo passa por um momento de êxtase e temor. Enfim os beijos ("Um bacio... ancora un bacio") tão embriagadores que – momento orgástico – Otelo se sente desmaiar.

Insisto no fato de que Boito reduz o texto de Shakespeare. Mas existe um momento em que ele acrescenta alguma coisa – e alguma coisa de essencial: é o "Credo", de Iago. Trata-se, como o nome indica, de uma profissão de fé. Alguns de seus aspectos já haviam aparecido em outros textos poéticos de Boito[28], e contém preocupações profundas do libretista – embora o que se encontre dito nele não seja estranho ao próprio universo shakespeariano; seria possível encontrar facilmente

---

28. Cf., por exemplo, o poema "Dualismo", de 1864, in Arrigo Boito, *Opere*, Milão, Garzanti, 1979, pp. 3 e ss. A relação entre o homem e o verme, desenvolvida no texto do "Credo", encontra um eco significativo em "Re Orso", *op. cit.*, pp. 41 e ss.

pontos de contato com *Hamlet* ou *Lear*, por exemplo. O importante é que Iago pronuncia essa fé. O texto é luciferiano; o mundo, desprezível (em *Mefistofele*, Boito fará o diabo dizer, dirigindo-se a Deus: "Iddio piccin della piccina terra"), é movido pelo mal. Um deus maligno o criou, e a essa criação repugnante se acrescenta o Nada. O homem é apenas brinquedo do destino irônico e Iago não faz mais do que puxar os fios dos títeres. Boito não contradiz Shakespeare, não explica, de um modo causal, as ações de Iago – o que faz é introduzir um fundamento metafísico não explícito em Shakespeare, por meio dessa teologia da negação[29]. A música de Verdi, que começa com acordes apocalípticos desencadeados na orquestra, chega a um silêncio que é como a percepção palpável desse nada.

No último ato, tudo se concentra em volta da cama de Desdêmona, que se torna a ara sacrificial. Na ópera de Verdi,

---

29. O texto do "Credo" proferido por Iago é o seguinte:

Credo in un Dio crudel che m'ha creato	Creio num Deus cruel que me criou
Simile a sé, e che nell'ira io nomo.	Semelhante a si, e que na ira eu invoco.
Dalla viltà d'un germe o d'un atomo	Da vileza de um germe ou de um átomo
Vile son nato.	Vil nasci.
Sono scellerato	Sou celerado
Perché son uomo	Porque sou homem
E sento il fango originario in me.	E sinto a lama originária em mim.
Si! quest'è la mia fè!	Sim! esta é a minha fé!
Credo con fermo cuor, siccome crede	Creio com firme coração, como crê
La vedovella al tempio,	A viuvinha no templo,
Che il mal ch'io penso e che da me procede	Que o mal que penso e que de mim procede
Per mio destino adempio.	Eu o realizo pelo meu destino.
Credo che il giusto è un istrion beffardo	Creio que o justo é um histrião burlador
E nel viso e nel cuor,	No rosto e no coração,
Che tutto è in lui bugiardo:	Que tudo nele é mentira:
Lagrima, bacio, sguardo,	Lágrima, beijo, olhar,
Sacrificio ed onor.	Sacrifício e honra.
E credo l'uom gioco d'iniqua sorte	E creio que o homem é um jogo da sorte iníqua
Dal germe della culla	Do germe do berço
Al verme dell'avel.	Ao verme do túmulo.
Vien dopo tanta irrision la Morte.	Vem, depois de tanta irrisão, a Morte.
E poi? La morte è il Nulla.	E depois? A morte é o Nada.
È vecchia fola il ciel!	O céu é uma velha fábula!

o personagem é ainda mais marcadamente vítima, envolvido por uma composição escrita para instrumentos de sopro, criando uma sonoridade de órgão, um pouco estranha, feita de timbres diversificados. Nela se insere, essencial, a canção do salgueiro e também uma prece, frágil se comparada à *terribiltà* que Iago invoca.

Depois, o suicídio de Otelo – o sacrificador que por sua vez se torna vítima. Aqui, o poder evocador da música vai buscar os beijos do dueto de amor do primeiro ato. Otelo morre sobre o leito nupcial ao lado de Desdêmona, e então o absurdo do mundo é sublimado pela morte que se dá no seio do amor[30].

***

Este texto foi concebido incialmente sob forma de conferência, para o ciclo de palestras organizado por Adauto Novaes, intitulado *Os Sentidos da Paixão*. Após a conferência, deu-se um debate. Seguem-se excertos dessa discussão.

Excertos da Discussão

QUESTÃO – Uma dúvida que me deu... Há, em Shakespeare, todo aquele desespero do homem em relação ao mun-

---

30. Acrescento aqui uma sugestão. Existe um testemunho raro do tenor que criou o papel de Otelo. É preciso ouvi-lo. O criador do papel de Otelo, há cem anos, foi Francesco Tamagno, cantor lendário. Tamagno morreu em 1905, com cinqüenta e cinco anos, ainda em plena atividade. Gravou a morte de Otelo em 1903. O envelhecimento técnico desse documento por ele deixado não anula as magníficas características da voz clara, jovem, poderosa, à qual se acrescenta uma interpretação inigualável. O fraseado, a ligação entre as palavras, entre as sílabas, o tratamento burilado de cada vogal são perfeitos, de uma perfeição calorosa e emocionada. Emoção que é de ordem estritamente musical, sem nenhum excesso de truculência teatral, freqüentes em maus tenores. Testemunho esplêndido do grande estilo verdiano do século XIX, ao qual se acrescenta a comoção de se ouvir a voz do verdadeiro Otello de Verdi, vinda de um passado remoto. A melhor edição das gravações de Tamagno foi feita pela selo Pearl, coleção Opal, na Inglaterra (OPAL CD 9846). Nesse cd encontram-se duas versões da morte de Otelo (uma delas nunca antes publicada), além de outras do "Esultate!" e "Ora per sempre".

do, que aparece muito em *Hamlet*. Ao ler essa parte do libreto de Boito, eu vi que Iago é muito shakespeariano, como você mesmo disse, o próprio libretista absorveu o pensamento de Shakespeare, a fala de Shakespeare. *Otelo* é anterior ou posterior a *Hamlet*, você lembra?

JORGE COLI – Posterior.

QUESTÃO – Em *Hamlet* ainda há dúvida. Aqui, Iago não acredita mais em coisa alguma, não duvida: depois da morte é o nada.

JORGE COLI – Creio que, em Shakespeare, essa negação absoluta de tudo nunca é afirmada claramente. O que acontece com freqüência nas peças de Shakespeare é uma espécie de perplexidade diante do mundo e diante das crenças, acompanhada de uma interrogação constante sobre a origem do mal. A série de vilões em Shakespeare é notável. Eles têm um pouco da natureza de Iago, que provoca a emergência do mal no mundo, sem razões suficientes. Um caso extremo é, por exemplo, o de Dom João, em *Muito Barulho por Nada*. É um vilão que não tem nenhuma razão de ser, afora sua bastardia (como também o Edmundo do *Rei Lear*): ele está lá encarnando o mal. Só que, em *Muito Barulho por Nada*, existe uma dimensão cômica, enquanto que no *Otelo* ela é profundamente trágica. Menos do que uma afirmação absoluta, uma profissão de fé como em Boito, há em Shakespeare essa idéia de perplexidade do limite da compreensão. O acaso é um grande sintoma: as coisas devem se completar de tal ou qual modo, mas são interrompidas, contrariadas em algum momento, porque há um descompasso em algum lugar. O acaso é um excelente agente desse descompasso.

QUESTÃO – Há em *Hamlet* a dúvida. Aqui, nessa parte do libreto em que Iago diz que não acredita no homem honrado...

JORGE COLI – É certamente a parte que mais lembra o monólogo de Hamlet, como suportar o desmando das leis, da injustiça...

QUESTÃO – No Iago da ópera há uma afirmação: o justo é um histrião burlador.

JORGE COLI – Em *Hamlet*, está claro o enunciado de que não suportaríamos os desmandos se soubéssemos quais sonhos virão depois da morte, pois tudo poderia ser resolvido com a ponta de um punhal. No Iago de Boito, afirma-se não a existência de injustiça, como em *Hamlet*, mas a inexistência do justo. Não há o justo. E também não há dúvida sobre o depois da morte: é o Nada. É essa perspectiva nova, da negação total, que o texto de Boito traz.

Eu lhe agradeço a questão, pois creio que é importante considerar o *Otello* de Verdi e Boito digno de uma comparação com o de Shakespeare. Não é apenas uma ópera a partir do tema shakespeariano, é uma retomada do original, um retraçar dos caminhos que Shakespeare já havia constituído.

QUESTÃO – Talvez fosse interessante retraçar um paralelo entre o ciúme visto desse ponto de vista quase que metafísico, isto é, de que o homem chega, pela paixão, a um determinado momento que não tem explicação, que não tem causa ou razão. Ele se torna uma paixão, ele age enquanto isso, enquanto força. E como a gente vê o ciúme hoje, no século XX, psicologizado...

JORGE COLI – Extremamente.

QUESTÃO – ... propriedade do corpo do outro, enquanto que aqui ela tem uma dimensão muito mais elástica, talvez...

JORGE COLI – É claro.

QUESTÃO – ... muito mais extensa. Não sei se a gente poderia fazer esse paralelo, eu pediria isso a você.

JORGE COLI – Creio que uma das lições que o texto de Shakespeare pode nos dar é justamente de como são vãs todas as tentativas de explicação, todos os princípios de solução, como é vã essa busca da felicidade através do causal, através daquilo que, mexendo lá, vai ter um efeito ali. Ora, se tomarmos Shakespeare a partir daquilo que ele próprio coloca, do universo que instaura, esse tipo de explicação é irrisório. Como são irrisórias as análises psicológicas, sociológicas e outras. Por exemplo, eu disse que a homossexualidade estava presente, que ela surge inesperadamente na peça como um dos elementos da paixão. Porém, se eu chegar e disser: bem, Iago age desse modo porque na realidade está apaixonado por Otelo etc., tudo fica de um simplismo, de um mecanicismo impossível! Na verdade, o prazer de trabalhar, de tentar compreender essa história da paixão, é de tomá-la como uma coisa compacta, como esse amálgama de que falei, e tentar penetrá-lo sem buscar nenhuma explicação suficiente. Nesse sentido, as obras de arte, entre elas o teatro e a ópera, são ótimos instrumentos, pois nos oferecem a coisa assim, em bloco. Se eu tento explicar o porquê, fico ridículo. A complexidade da obra é muito maior do que qualquer causalidade explicativa.

Gioachinno Rossini.

Victor Maurel como Falstaff, na estréia da ópera (1893).

5. A VELHICE DO DESEJO*

O universo da ópera, particularmente o da ópera do século XIX, é, por excelência, o lugar dos desejos. A tal ponto, que seria difícil isolar um exemplo a partir dessa perspectiva: não há sentido em privilegiar uma ópera em detrimento de outra, pois todas estão envolvidas por essa questão. A escolha de *Falstaff*, de Verdi, surgiu porque ela parece ser um caso *sui generis*, em que o desejo é o fundamento das ações, mas em que ele é contraposto à fraqueza da velhice. O protagonista da ópera não é um tenor heróico ou sentimental, mas, como é cantado no final, "um homem velho, sujo e obeso, com aquela cabeça calva e com tal peso".

O desejo, para que se concretize, pressupõe a ação como instrumento, e a ação pressupõe o vigor. Ora, *Falstaff* é a ópe-

---

* Publicado originalmente em Adauto Novaes (org.), *O Desejo*, São Paulo/Rio de Janeiro, Companhia das Letras/Funarte, 1990, pp. 235-246, o texto é apresentado aqui com acréscimos e revisões. Ele tem sua origem inicial num artigo escrito para a revista *L'arc*, nº 81, Paris, 1981, consagrado a Verdi, sob o título "Le vieux Don Juan".

ra em que o vigor não corresponde à ação e em que o desejo, embora exista, não encontra mais seu lugar no mundo. Uma questão fundamental de *Falstaff* é esta: desejo e velhice são contraditórios. A outra é que, mesmo fantasiado pelos mais nobres álibis, nas relações humanas, tudo é desejo. *Falstaff* mostrará que, quando as nobres e brilhantes roupas, vestindo os grandes atos e sentimentos, são reduzidas a frangalhos, restam as formas mais viscerais, mais corporais do desejo, resta o apetite.

Falstaff não é apenas a ópera sobre a velhice. Ela é também uma ópera da velhice. Mas de uma velhice prodigiosa e excepcional, que foi a velhice de Verdi. Depois de *Aida*, em 1871, seu *Requiem*, de 1874, monumental e violento, soa a trombeta do fim dos tempos. Em seguida, são longos anos de silêncio. O *Requiem* parecia concluir, em apogeu, aos sessenta e um anos do compositor, uma carreira extraordinariamente fecunda.

Porém, mais de uma década depois, em 1887, Verdi, que atinge então setenta e cinco anos, cria, com uma capacidade de renovação e vigor perfeitamente únicos, seu *Otello*, imensa obra-prima. E todos estavam convencidos de que se tratava de um ápice e de um término. Parecia encerrar-se a atividade criadora de um dos maiores gênios musicais de todos os tempos.

Otello significara, para Verdi, um retorno a Shakespeare, de quem ele já havia posto em música *Macbeth*, em 1848. *Otello* mostrava quantas profundas afinidades existiam entre Shakespeare e Verdi. Essas afinidades puderam se resolver e resultar numa grande obra, graças à colaboração de Arrigo Boito, o autor do libreto, que trabalha numa relação estreita com Verdi. Boito era um espírito altamente intelectual e muito culto, ele próprio compositor e excelente poeta, além de grande conhecedor de Shakespeare. *Otello* ficou sendo, desse modo, o resultado do gênio verdiano, que se encontrava numa maturidade capaz de penetrar profundamente o universo de Shakespeare, auxiliado pela inteligência e virtudes literárias de Boito. *Otello* surgia como um inesperado e glorioso ponto final.

Mas, em seguida, Boito traz a Verdi um outro libreto também inspirado em Shakespeare: dessa vez, uma ópera-bufa –

é *Falstaff*. E Verdi se põe a compor "sem compromisso", diz ele: "para me divertir". É provavelmente essa situação de base, de um compositor quase octogenário, sem mais nada a provar, que permite o discurso de extraordinária liberdade do qual *Falstaff* é feito.

Desde seus primeiros sucessos, Verdi havia sonhado com uma ópera, a partir de Shakespeare, sobre a velhice trágica: era o *Rei Lear*, que jamais chegou a compor. No fim da sua vida, o olhar que lança sobre a velhice, sobre a perda dos bens mais preciosos, o vigor e a juventude, é irônico e bem-humorado, embora sem indulgência.

Falstaff não é exatamente uma peça de Shakespeare, mas um personagem muito marcante, que aparece em algumas peças. Ele surge em *Henrique IV* (nas duas partes, 1596-1597), como o companheiro estróina e cínico do príncipe Hal. É este, aliás, fundamentalmente o John Falstaff do filme de Orson Welles.

Shakespeare o coloca novamente em cena em *As Alegres Comadres de Windsor* (1597), em que ele ressurge para viver aventuras amorosas. É, basicamente, o *Falstaff* de Verdi. Enfim, sua morte será narrada, numa espécie de *flash-back*, por um dos personagens da peça *Henrique V* (1600).

Os episódios de *As Alegres Comadres de Windsor* são muito engraçados. John Falstaff – velho, gordo e ridículo – tenta conquistar ao mesmo tempo duas senhoras da cidadezinha de Windsor, acreditando, com uma vaidade cega, ser capaz de seduzir ainda. Ele será várias vezes vítima de embustes e várias vezes castigado. No final, as comadres de Windsor criam uma farsa fantasmagórica, disfarçadas em bruxas, fadas e fantasmas, para aterrorizar o pobre John Falstaff.

Desse modo, a graça de *As Alegres Comadres de Windsor* provém, em grande parte, de um cômico de situação. Mas o eixo fundamental do riso que a ópera engendra, deriva do caráter do personagem. *Falstaff*, como já disse, é substancialmente uma admirável adaptação de *As Alegres Comadres*, com alguns trechos secundários emprestados de *Henrique IV*, adaptação que reduz o número das situações cômicas e torna o caráter de John Falstaff mais complexo. Na ópera, as questões corpóreas do desejo, da relação desejo-apetite, são muito sublinhadas: crepúsculo de um corpo que se engana no desejo impossível, crepúsculo que se encontra na fronteira do patético, mas que sabe se reerguer numa risada cintilante e profusamente colorida, como o mais esplêndido dos pores-do-sol.

Uma risada cintilante. É preciso, no entanto, perceber o quanto *Falstaff* é exceção, como obra cômica, nesse século XIX tão sério.

Porque, em verdade, o século XIX não deixa lugar para o riso na ópera. Nela existem apenas paixões profundas, amores eternos e heroísmo. Da tradição bem-humorada do século XVIII sobra pouquíssimo: Rossini é o avatar final, Donizetti, com o *Elixir do Amor* e *Don Pasquale*, o último resíduo. O riso, componente fundamental nesse passado próximo do século XVIII, desaparece, e restam apenas algumas exceções, muito isoladas.

Se tomarmos a obra dos dois maiores compositores de ópera do século XIX, Verdi e Wagner, veremos que o riso encontra lugar ali com muita dificuldade. Mas, pelo menos uma vez, nos dois casos, houve a tentação de atingi-lo, e o sucesso na tentativa. Com Wagner, trata-se de *Os Mestres-cantores de Nuremberg* (1868); com Verdi, trata-se de *Falstaff* (1893). Ambas as óperas são obras-primas à margem de uma poética altamente dramática, coerente e constante, própria a cada um dos compositores.

Há uma grande diferença, no entanto, entre as duas. Wagner não abdica nunca da seriedade romântica. Ao contrário, no seu projeto cômico, o heroísmo e a nobre inspiração artísticas terminam por serem servidos. O ridículo está lá para mostrar a distância que existe entre, de um lado, os gigantes "românticos" – Walther, a juventude genial, e Sachs, a velhice sábia – e, do outro, os medíocres, os mesquinhos, os espíritos estéreis apegados a regras minuciosas e ocas. Desse modo, a missão nobre e superior do artista é confirmada e explicitada: *Os Mestres-cantores* formam a contraprova da obra wagneriana.

Falstaff enverada por um caminho mais radical. Com oitenta anos, o velho Verdi toma distâncias consigo próprio, com o romantismo e com o mundo violentamente apaixonado, que ele criara ao longo de mais de cinqüenta anos de carreira. *Falstaff* não é apenas excepcional por ser uma ópera-bufa num século sério. Ele é único por mais de uma razão. Entre elas, está o de ser um olhar bem-humorado, mas implacavelmente crítico, sobre esses sentimentos que os homens levam a sério.

Falstaff é ainda único do ponto de vista musical. A impressão mais evidente e imediata que a sua audição provoca é a de estranheza, do jamais ouvido. *Falstaff* não se parece com qualquer outra ópera de Verdi, nem, aliás, com nenhuma outra música. Isso provém de uma resposta dada por Verdi a um problema essencial da música de seu tempo: o do emprego semântico do som, o da relação entre o sentido da música e da palavra. É essa solução que possibilita a crítica à seriedade dos sentimentos, e a construção dos próprios personagens.

Desde Beethoven, todo um setor da música do século XIX se debatia desesperadamente com um problema de nova configuração: de que modo transmitir, através do som não-articulado, uma idéia, uma expressão, um sentido? A música deve – acredita-se então – ser atuante, deve interferir no pensamento, na memória, nas evocações. Ela se quer uma linguagem, e não apenas uma construção estrutural. O livro fundamental de Hanslick, *Do Belo Musical*, escrito por volta de 1860, foi justamente a mais forte reflexão teórica oposta a essa concepção: ele oferece justamente a medida da importância da semântica musical do tempo, contra a qual o autor se bate, numa guerra que levou seu arquiinimigo Richard Wagner a caracterizá-lo no mais ridículo dos personagens de *Os Mestres-cantores*, o medíocre e mesquinho Beckmesser que, nos primeiros projetos da ópera, se chamava Hans Lick.

Nesse quadro de uma música expressiva, carregada de sentidos, várias tentativas se fizeram durante o século XIX. Uma sinfonia, por exemplo, era concebida não apenas como uma arquitetura de sons, mas devia se transformar em explícita mensagem: desse modo, Beethoven introduziu um texto cantado por solistas e coro num último movimento, que, por assim dizer, "contamina", pelo sentido das palavras, a construção puramente musical. Assim também com toda a obra de

Berlioz, que compõe obras sinfônicas destinadas a serem ouvidas acompanhadas por um texto-roteiro, indicando precisamente as imagens que deverão se formar no espírito do ouvinte – é o caso da célebre *Sinfonia Fantástica*.

O século XIX, que inventou o poema sinfônico, as paráfrases pianísticas, associou com estreiteza literatura e música. Mais que ninguém, Wagner atribuía à música poderes semânticos: por meio de seus motivos condutores, que os especialistas não tardaram a elencar em verdadeiros dicionários, ele criara um sistema que lhe era específico, e que explorou amplamente.

No que concerne Verdi, a dramatização na música, a relação entre a palavra e o som musical havia sempre sido empregada a partir dos meios expressivos da ópera italiana. Esses procedimentos, que já se encontram em compositores que o precederam, como Rossini, Bellini, Donizetti, foram naturalmente acentuados, desenvolvidos e transformados por Verdi, mas, em realidade, nunca abandonados. Eles se caracterizam por fortes efeitos musicais, mas cuja significação precisa nunca é claramente definida *a priori*. Tais efeitos – ritmos acelerados, melodias suaves nas cordas, *tuttis* formidáveis, ou seja o que for – criam climas emocionais fortes, mas muito gerais, e são adequados para diferentes circunstâncias. A dimensão teatral especifica é, então, definida pela situação, pelo contexto, pelas palavras que são cantadas. A fórmula da ópera verdiana será a construção de seqüências contrastantes de silêncios e de tensões, de explosões e de lirismo, intimamente ligados à palavra e ao gesto dramático.

Tomemos, para esclarecer, o início do quarto ato do *Rigoletto*. Ali, uma melodia ampla, sombria, tecida pelas cordas, envolve o recitativo pontuado pelo silêncio. Então, as palavras, que são simples e por vezes banais: "Ah! il vile infame"... "Pietà mio padre...", se impregnam, graças à música, de uma comovente verdade. Em seguida, um desenho ascendente e nervoso, sempre nas cordas, introduz um outro personagem, com uma nova impressão de vigor e vivacidade: o recitativo se torna vibrante e a canção se irradia, no seu ritmo simples e obsessivo: "La donna è mobile". Perfeita habilidade e instinto ao serviço do sentido dramático.

Esses meios, entretanto, formam um elenco relativamente restrito de soluções, e servem para circunstâncias que, *grosso modo*, se repetem de ópera em ópera. A música de um dueto de amor, por exemplo, deve traduzir uma situação sentimental veemente, mas cuja especificidade contextual só pode ser dada pela palavra. Tudo isso é perfeitamente adequado e eficaz no que concerne à expressão das grandes emoções românticas, de grande inteireza. Mostra-se inadequado, porém, para permitir uma relação mais detalhada com o texto. É justamente por uma relação minuciosa com as palavras que Verdi, no seu *Falstaff*, encontra um caminho específico no seio da questão da música expressiva.

Não será mais por grandes impulsos sentimentais "genéricos", mas por uma relação minuciosa entre música e palavra, que Verdi, no *Falstaff*, atinge um extraordinário grau de sutileza e nuança.

Pela música, ele comenta, analisa, explicita cada frase, cada situação do libreto: a orquestra, o ritmo, o timbre, remetem à palavra, e vice-versa. A melodia adere estreitamente a ela, não como suporte exterior, mas como ossatura: "*Reverenza*". Se, no passado, palavras diferentes podiam ser cantadas pela mesma melodia, em *Falstaff*, há, com freqüência, uma simbiose tão necessária entre os dois elementos, que é impossível dissociá-los.

Tem-se então um jogo infinito de idas e vindas entre a palavra e a música. Já se disse várias vezes que nenhuma ópera parece ter sido escrita de maneira tão livre quanto *Falstaff*. Eu acrescentaria que essa liberdade só tem um compromisso: o de constantemente dialogar com o texto que a inspira. É assim que o discurso musical de *Falstaff* se adapta, se transforma, se metamorfoseia a cada instante, intervém na ação, sublinha e reforça o texto, ou ironiza e zomba dele, mas lhe é sempre intimamente ligado.

Para obter tal agilidade, foi eliminado o tecido orquestral aveludado, suntuoso e unívoco, pois Verdi tem necessidade de uma orquestra transparente que jogue com uma simultaneidade de sentidos. Se é verdade que Wagner trata as vozes como instrumentos da orquestra, Verdi, aqui, trata seus instrumentos como personagens, os faz cantar e dialogar. Terminaram, em conseqüência, as melodias líricas, claramente modeladas – e no limite intercambiáveis – das óperas de outrora. O discurso é agora entrecortado, picado, preciso.

Como conseqüência, *Falstaff* encerra um ajuste de contas com o lirismo. Criando uma relação nova com a palavra, *Falstaff* rompe musicalmente com o passado romântico, curioso paradoxo, pois foi o próprio romantismo que buscara desenvolver essa música "literária". *Falstaff* é uma ópera em que a melodia raramente aflora: essa afirmação é perfeitamente justa se se pensar nas árias, duetos e conjuntos verdianos, desde sua primeira ópera, *Oberto*, até sua penúltima, *Otello*.

Existem em *Falstaff*, é fato, alguns raros momentos nos quais o discurso musical se concentra numa melodia que evoca o lirismo de outrora. Mas é para melhor colocá-lo em xeque.

Assim, por exemplo, a canção de Fenton, que é o jovem namorado de Nanetta, a filha de Alice Ford, uma das comadres de Windsor. Essa canção funciona como uma espécie de prelúdio à segunda parte do terceiro ato, e é uma das mais belas melodias jamais inventadas por Verdi. Ela se desenvolve, se amplia apaixonadamente na voz do tenor, à qual vem se ajuntar o canto à distância de sua namorada. Ambos estão envolvidos por uma espécie de aura amorosa, num clima poético, de orquestração delicada, em que a transparência da harpa sobressai. Isso, entretanto, será prosaica e brutalmente cortado por uma intervenção de Alice. Cruelmente, Verdi conduz a melodia a seu ponto culminante, recusa-se, entretanto, a afirmá-la e concluí-la, frustrando as expectativas do ouvinte. A expressão do sentimento amoroso deve apagar-se diante da farsa que se prepara. Note-se que essa canção foi, literariamente, concebida como um soneto; fato provavelmente único no rol dos libretos de ópera. Ou seja, Boito confere forma acabada ao texto poético, o que deveria conduzir o compositor à solução mais evidente, o de uma forma musical também acabada. Mas talvez a própria apresentação literária das palavras, tão completa e arquitetada, tenha provocado no compositor a reação contrária, já que o efeito de interrupção adquire ainda maior força, porque destrói aquilo que deveria ser perfeita construção.

Não se trata apenas, porém, do abandono do lirismo tradicional, trata-se de um ataque a ele. Um outro exemplo vai nos mostrar as duas comadres, Alice e Meg, lendo as cartas de sedução, absolutamente idênticas, que John Falstaff enviou às duas. Observe-se o final: a melodia se afirma, ampla e luminosamente, como o esplendor da estrela que o texto evoca: "E il viso tuo su me risplenderá / Comme una stella sull'immensità" (E o teu rosto sobre mim resplenderá/ Como uma estrela sobre a imensidão).

A metáfora, em si, não é risível, mas ela se torna grotesca quando lembramos que Falstaff é evocado o tempo todo, na ópera, como "imenso". No caso, a imensidão a que o texto se refere é, num sentido poético, o firmamento. Mas, ambivalente, ela significa também o volume enorme do personagem. O caráter grotesco se acentua com o tratamento musical. A melodia se conclui lamentavelmente, com um trêmulo grave sobre o *e* de *immensità*, que ridiculariza o grande vôo de sentimento anunciado.

Por esses processos, o lirismo melódico não é apenas abandonado, mas colocado em questão e desacreditado. *Falstaff* tem um poder desmistificador, pois o lirismo não tem lugar num mundo onde *tutto è burla*. São justamente esses versos, "Tutto è burla nel mondo, l'uom è nato burlone" (Tudo no mundo é burla, o homem nasceu burlador), que terminam a ópera.

Se tudo no mundo é burla, nenhum sentimento elevado, nenhuma nobreza de alma pode ser levada a sério. Quando Iago, no *Otello* de Verdi, nega qualquer verdade à fé, à honra, ao amor, e afirma a mentira e o mal no homem, ele o faz com uma grandeza metafísica à altura desses sentimentos que entende negar. Em *Falstaff* é a risada que nega e que procede à transformação dos desejos nobres em apetite. Verdi aqui desmente seu próprio romantismo: os homens não são heróis amorosos ou niilistas, são enganadores interesseiros, risíveis quando caem nas próprias armadilhas que montam.

Rejeição do romantismo, solução original e eficaz para a relação música/palavra, ópera-bufa fora de época e inesperada, decididamente *Falstaff* é novo e único. Ele se situa no exterior da produção musical de seu tempo, dos verismos italiano ou francês, do wagnerismo. A sutileza de sua linguagem musical permite construir personagens ambíguos, nuançados, bem distantes dessas personagens de caráter inteiriço que a ópera romântica soubera criar. Em realidade, os pares de *Falstaff* se encontram numa outra época, cem anos antes, nos tempos de Mozart.

O século XVIII, através da literatura, do teatro, da ópera, é o momento da história da cultura em que as análises sobre os comportamentos humanos foram levadas à mais extrema finura e profundidade. Análise, aqui, não depende de um projeto científico, mas de uma interrogação muito aguda e delicadamente matizada sobre as relações entre os seres, cujo instrumento por excelência é o das artes.

Bodas de Fígaro, *Don Giovanni*, *Così fan tutte* – ao lado dessas três óperas de Mozart sobre o desejo, a fidelidade e a sedução, o *Falstaff* de Verdi parece tomar, naturalmente, seu lugar. Bem mais tarde, a essa lista virá se acrescentar *O Cavaleiro da Rosa*, de Richard Strauss.

Não que o *Falstaff* de Verdi seja um pasticho, um retorno ou uma evocação do estilo do século XVIII. Verdi, involuntariamente, encontra Mozart.

Esse "involuntariamente" pode, aliás, ser nuançado, se pensamos na formação escolar do compositor. Mozart não é, longe disso, a influência mais evidente na música verdiana. Mas Verdi, depois de ter sido recusado pelo conservatório de Milão, vai ter aulas de composição com um professor chamado Lavigna, que fora assistente de Paisiello e se mantinha como fiel continuador das tradições do final do século XVIII. Lavigna, depois de cada lição, exigia do jovem Verdi o estudo e a análise do *Don Giovanni*. Um ano mais tarde, Verdi escreve a um amigo dizendo ter aprendido a ópera de cor em todas as suas minúcias, e chegado a um ponto de saturação. Alguns especialistas, como Abiatti, souberam detectar pontos precisos de referência a Mozart, particularmente nas obras da juventude de Verdi.

Não é essa a direção a tomar, entretanto. As óperas de Verdi pertencem indiscutivelmente à grande tradição do teatro italiano e ao universo do século XIX. *Falstaff* é exceção, mas sua relação com os tempos de Mozart é uma relação de afinidades.

Afinidades que começam com a orquestração leve e diáfana, com a agilidade dramática, com a redução do espaço cênico, que Verdi deseja íntimo. Assim, o compositor se distancia das imensas produções monumentais do *grand-ópera* romântico, do qual ele próprio havia dado um dos mais notáveis exemplos com *Aida*. Toscanini sempre sublinhou esse aspecto: o intimismo havia presidido às célebres interpretações de Busseto, em 1913, e o grande maestro havia sonhado, no fim de sua vida, inaugurar o *Piccola Scala* com *Falstaff*. Esse espírito delicado de ópera de câmara está presente também na sublime gravação pirata de Toscanini, com Stabile no papel principal.

Pode parecer paradoxal se falar do *pancione*, do barrigudo, do enorme e truculento John Falstaff em termos de delicadeza, intimismo e leveza. Gatti, um dos maiores estudiosos de Verdi, chega a dizer que a orquestração de *Falstaff* tem o "encanto de uma conversa de bom-tom". Mas é justamente essa elegância fina que leva à convergência do século XVIII. Verdi conseguiu aqui uma linguagem que impede a caricatura, permite o matiz e o cômico de múltiplas significações. Pois o personagem mais grotesco da história da ópera não é apenas um bufão: as angústias que ele suscita são profundas.

Mozart soubera enriquecer a elegância e a verve da ópera-bufa do século XVIII com uma excepcional reflexão sobre o homem. Tanto nele, quanto em Verdi, atingimos uma nova dimensão do riso. Estamos longe das convenções sumárias das óperas-bufas, e nos encontramos em cheio nas ambigüidades dos *dramas jocosos,* segundo a definição que Mozart atribuiu a seu *Don Giovanni*.

O libreto de *Falstaff*, por sinal, evoca muito as tramas desse século XVIII tardio: um outro *Falstaff* tinha mesmo sido colocado em música em 1798 por Salieri, o célebre rival de Mozart. Se nós o simplificarmos, poderíamos dispor, aliás, o personagem na linhagem dos velhos grotescos, pretensiosos e ridículos, amorosos e interessados, que pululam nos entrechos das óperas-bufas. A própria adaptação de Shakespeare por Boito nos lembra freqüentemente situações inventadas por

Lorenzo da Ponte, nos libretos que escreveu para Mozart. Entre, por exemplo, as *Bodas de Fígaro* e certas cenas de *Falstaff* reina o mesmo espírito: John Falstaff e Alice reunidos, o marido furioso que irrompe, como o conde Almaviva no quarto da condessa, sua busca frenética, o jogo de esconde-esconde; como Cherubino no quarto de Susanna, John Falstaff por trás do biombo, John Falstaff na cesta de roupa suja, Nanetta e Fenton por trás do biombo, e, enfim, John Falstaff, como Cherubino, jogado pela janela[1].

Algo também de mozartiano nesse último quadro do terceiro ato de *Falstaff*, quadro noturno e misterioso, quadro de amor, de castigos e de esperas, como o do *boschetto* das *Bodas*. E essa ária de amargura contra as mulheres, cantada por Ford: "È sogno? O realtà..." não é irmã do "Aprite un po' quegli occhi" de Figaro e do "Donne mie, le fatte a tanti", de Guglielmo? Ouçamos *Falstaff* pensando em Mozart. Numerosas afinidades aparecerão.

***

> TRIBOULET
> *Une femme est un diable*
> *très perfectionné.*
> VICTOR HUGO, *Le roi s'amuse,*
> acte I, scène 2.

PISTOL
He wooes both high and low, both rich and poor
Both young and old, one with another, poor Ford.
He loves the gallimaufry...

---

1. Todas essas situações são criadas por Boito. Na comédia de Shakespeare, o esquema é muito mais simples: Falstaff se esconde na cesta de roupa suja e é levado para ser jogado no Tâmisa. Nessas cenas de conjunto a prodigiosa habilidade de Verdi em fazer cantar os personagens ao mesmo tempo é levada ao extremo. Outros momentos de conjuntos excepcionais: no primeiro ato, quando nove personagens cantam ao mesmo tempo e, no último, a fuga que estrutura o final da ópera.

Em Shakespeare encontrava-se já a essência donjuanesca de Falstaff, que lembra o catálogo de Leporello, e que Boito retoma:

PISTOLA
Falstaff le occhieggia tutte,
Che siano belle o brutte,
Pulzelle o maritate.

Uma única vez, quarenta anos antes de *Falstaff*, Verdi havia colocado em cena um libertino, em seu *Rigoletto*. No primeiro ato, compõe um minueto, irmão gêmeo daquele que é dançado no baile de máscaras de *Don Giovanni*, o que mostra um reflexo da ópera de Mozart sobre o *Rigoletto* de Verdi. Mas o duque de Mântua, belo, brilhante, rico e poderoso, é um libertino banal. John Falstaff apresenta um interesse bem maior.

Imaginemos. Para expiar seus pecados, Don Giovanni não vai para os infernos. Suprimamos a cena do *Don Giovanni*, de Mozart, em que o fantasma do comendador, envolvido por vozes de espíritos do além, envia o herói para a danação eterna. Não, Don Giovanni não vai para os infernos. Ele é condenado a viver e envelhecer. É ainda nobre, mas decaído e sem dinheiro. Além disso, os vinhos e ceias, os *bocconi da giganti* que Don Giovanni engolia, tão enormes que assustavam seu criado Leporello, fizeram seu efeito, e Don Giovanni tornou-se gordíssimo, enorme, imenso. Velho, gordo, ridículo, isto é, vulnerável.

Don Giovanni transformou-se em Sir John. Ele proclama ser o rei de um abdômen e não consegue renunciar aos prazeres da carne, sobretudo quando esses prazeres trazem consigo um escrínio cheio de moedas, porque as damas que quer seduzir são ricas.

O velho Don Juan, Giovanni, John, carregado de seus desejos, parte para a conquista. Satisfeito consigo próprio, ele sabe que é gordo, e essa gordura se torna mesmo uma qualidade a seus olhos. Fala a seu corpo na segunda pessoa do singular, como a um cúmplice: "Esta tua velha carne ainda exprime algum prazer a ti [...]. Bom corpo de *sir* John, que eu nutro e sacio, vá, te agradeço".

Carne, mas *velha* carne. Por trás dessa facúndia e desses desejos, existe a passagem inexorável do tempo, que a ópera se encarrega de sublinhar. Num momento, ele se lembra de quando era semelhante ao Cherubino de Mozart, isto é, um jovem pajem, elegante, magro. O trechozinho é alegre, leve, dançante, o que contrasta, é claro, com o físico atual do personagem. Num outro, ele entoa o "Va, vecchio John". Esse canto, no segundo ato, antes de sua primeira aventura amorosa, traduzia ainda a esperança e a alegria: sua velha carne podia ainda lhe trazer satisfações. Ele pensava ainda ser desejável. Mas as implacáveis alegres comadres só o atraíram para atirá-lo dentro do Tâmisa. O riso que provoca em nós a desolação de John Falstaff, molhado e desapontado depois de sua aventura em casa de Ford, torna-se amargo quando ele retoma o "Va, vecchio John". Aquela canção que traduzia a esperança vibrante do desejo, indicava um caminho de prazeres, entoada depois de seu ridículo banho, faz que Falstaff compreenda: seu caminho não pode levá-lo senão à morte. Pensamento terrível, insuportável. Busca então consolo no vinho, que, pateticamente, faz as ilusões renascerem. Está pronto para ser novamente escarnecido.

O físico de *Falstaff*, na ópera, é absolutamente fundamental. Não apenas porque é comicamente grotesco, mas porque a sua velhice esvazia todo outro motivo de desejo que não seja o corpóreo. Verdi procede, em *Falstaff*, a uma rigorosa redução do desejo ao apetite. Eis por que, para voltarmos à nossa análise do início, ele não podia utilizar, em sua ópera, a mesma linguagem empregada pela eloqüência romântica. Verdi soube encontrar um instrumento acerado que deixou em evidência a última instância dos desejos humanos que, naturalmente, não é uma instância nobre. Os meios musicais específicos que Verdi cria aqui são a condição de possibilidade, a condição de *ser* do personagem.

Isto é, velho, Don Giovanni se tornou o mais visceral, o mais corporal, o mais fisicamente concreto dos personagens de ópera, na figura de Falstaff. Além da comida, da bebida, das mulheres, nada no mundo tem razão de ser. Quando uns seus criados se recusam a levar os bilhetes de amor, dizendo que a honra os impede de fazê-lo, Falstaff se encoleriza e se põe a mostrar que a honra não é nada. E sua demonstração é perfeitamente corporal: a honra é inútil, pois não enche a barriga, não conserta um osso, nem um pé, nem um dedo, nem um fio de cabelo.

A honra é apenas uma palavra, ar que voa, e Falstaff não a quer para ele. No *Don Giovanni* de Mozart, Donna Anna lhe pergunta se ele é um homem de honra. A resposta é hesitante e covarde: Don Giovanni quer estar seguro de poder afirmá-lo sem perigo para si. Mais tarde, Don Ottavio se espanta: é possível que, sob o manto da amizade, um fidalgo seja capaz de um tão negro delito? É que, em realidade, tanto Falstaff quanto Don Giovanni estão longe da pequena moral da honra, miserável entrave aos desejos.

Mas, quando se é velho e feio, a realização desses desejos não é fácil. Alice e Meg poderiam se danar por alguém, mas não por um velho sujo, obeso e careca. Falstaff acena, em vão, com seu brasão de nobreza, como o faz Don Giovanni com Zerlina: a velhice é implacável.

Longe de sua radiosa primavera, ele não é mais o *sottile paggio del duca di Norfolk* que era capaz, como Cherubino, de inspirar ternura. Está decrépito e perto da morte: "camina, vecchio John, fin che tu muoia".

É então o momento da vingança. As alegres comadres de Windsor vingam as vítimas femininas, vítimas da sedução, das maquinações, dos apetites, dos desejos dos homens: as Elvira, as Zerlina, as Rosina, as Fiordiligi e Dorabella, mas também as Gilda, as Violetta, as Aida. Fazem isso mostrando a esse Don Giovanni senil que ele não é mais desejável.

Elas levam longe a perversão, criando um inferno artificial no parque de Windsor, aonde atraem o *farfalone amoroso* senil e meio bêbado. Victor Hugo dizia, no seu *O Rei se Diverte*, peça que Verdi transformou no *Rigoletto,* que "a mulher é um diabo muito aperfeiçoado". As alegres comadres demonstrarão perfeitamente essa máxima. No parque de Windsor, disfarçadas em feiticeiras, fadas ruins, em diabos e gênios, com crueldade infinita, vão martirizar o gordo conquistador, mostrando até que ponto ele é fisicamente abjeto: "pança inchada, bochecha inflada, quebrador de camas, arrebentador de coletes, esvaziador de tonéis, destruidor de cadeiras, arrasador de éguas, tríplice queixo, um homem velho, sujo e obeso, com aquela cabeça calva e com tal peso...".

John Falstaff é iniciado à decrepitude e à velhice, aprende a morte do corpo. Essa cerimônia de iniciação à morte parece refletir, como num espelho deformante e cômico, a cena da danação do *Don Giovanni* de Mozart. Os espíritos infernais se materializaram aqui na raiva das mulheres. O Comendador pedira, insistente, a Don Giovanni que se arrependesse: a resposta do libertino radical foi sempre não. As feiticeiras de Windsor pedem também a Falstaff que se arrependa: ele repetirá, covardemente, que sim. Que lhe resta? Apenas o apetite e uma consolação: ser excepcional, ele vem perturbar a estreiteza da burguesia de Windsor, é ele que a faz sair de sua pequenness: "l'arguzia mia crea l'arguzia degli altri". "A questão é que os homens caem nas redes que eles próprios tecem", sentencia uma das comadres.

"O céu é uma velha fábula", dizia Iago. "O mundo é burla", diz o célebre final de *Falstaff*. O que resta da humanidade, além desses seres astuciosos, que passam o tempo a se enganarem mutuamente? Onde fica a sinceridade? Onde fica a pureza? No meio dessa alegre amargura, o velho Verdi não perde inteiramente confiança na humanidade. Fenton e Nanetta, jovem casal de namorados da ópera, carregam em si a carga luminosa da juventude e do amor. Fenton, ambíguo e um pouco interesseiro na peça de Shakespeare, é aqui inteiramente habitado pelo amor. A bela canção de Fenton[2], a que já me referi, responde o "Sul fio d'un soffio etesio" de Nanetta, ária límpida, transparente e cristalina da rainha das fadas. Imagens de suavidade, de juventude e de encanto, contraponto ao cinismo da maturidade e ao horror da velhice, e encarnação de uma maravilhosa e poética relação de desejo.

---

2. Em Shakespeare, Fenton está interessado, pelo menos num primeiro momento, pelo dote de Anne. É preciso assinalar que o personagem de Boito é muito próximo do Fenton de Van Mosenthal, autor do libreto de *As Alegres Comadres de Windsor*, de Nicolaï. Não apenas, nas duas óperas, o personagem tem muito mais importância do que no texto de Shakespeare, mas o texto da serenata a Anne, *Horchm die Lerche singt im Hain* é parecido com o da ária do Fenton de Boito – nos dois casos trata-se da união dos jovens namorados pela música. A grande diferença é que a belíssima música de Nicolaï faz de Fenton um namorado romântico, enquanto em Verdi a canção abortada sugere o amor sem insistir no caráter sentimental.

6. ÓPERA, PAIXÃO, TRABALHO*

O universo tempestuoso das paixões, próprio à ópera, não parece muito adequado ao tema do trabalho. Rousseau, em sua definição: "Ópera – Espetáculo dramático e lírico no qual se busca reunir todos os encantos das belas artes na representação de uma ação apaixonada, para excitar, com a ajuda de sensações agradáveis, o interesse e a ilusão"[1], caracteriza a natureza dos meios aí empregados. Eles provocam no ouvinte efeitos indizíveis, viscerais e poderosos. *Ação apaixonada, excitação, sensações agradáveis, ilusão* são termos imprecisos buscando demarcar um fenômeno cultural capaz de intervir fortemente em nossas emoções e nos afastar da trivialidade do cotidiano, do esforço contínuo e pouco heróico imposto pelas obrigações da vida "verdadeira". A ópera,

---

* Publicado originalmente em *Revista Música*, vol. 2, nº 2, nov. 1991, Departamento de Música, ECA-USP, pp. 91-107.

1. Jean-Jacques Rosseau, *Dictionnaire de musique*, Paris, Art et Culture, 1977, vol. 1, p. 387.

Giacomo Puccini, caricatura de Enrico Caruso.

fuga ou refúgio, é o momento extraordinário, ardente, quando podemos anular todas as asperezas à nossa volta para nos entregarmos, de alma aberta, a essas exaltações seqüestradoras. São os gozos ilusórios opondo-se às exigências do "real".

Todos sabem, o domínio das óperas é o das paixões impossíveis, dos dilaceramentos, dos assassínios, dos suicídios, mas ainda da pompa, dos cenários magníficos, dos costumes suntuosos. Nele, o trabalho pode apenas encontrar um lugar episódico ou acessório. As bigornas de *Il Trovatore* estão lá para ritmar uma cena pitoresca. A de Siegfried transfigura o esforço através de um poder sobre-humano, desdenhando as tarefas laboriosas.

Criados e Patrões

O cômico é, historicamente, o registro que permite fazer surgir os personagens populares. A *opera seria* não reservava lugar para eles. No século XVII a ópera-bufa caracteriza-se plenamente, e nela afirma-se o papel burlesco dos servidores. O princípio do trabalho é, portanto, pressuposto, mas ele se deixa entrever ali de um modo particular.

Um pouco ao modo desse mordomo do filme de Buñuel, *O Anjo Exterminador*, os criados são cúmplices dos patrões e se fecham com eles no mundo das classes superiores. Jogando o jogo dos senhores, eles podem mesmo trocar de posição: as servas tornam-se patroas, os valetes comandam. Canta assim o Fígaro de Mozart: "se vuol ballare / Signor Contino / Il chitarrino / Le suonero". A habilidade em manejar as relações humanas e sociais instaura um jogo de poder, no qual os criados, às vezes, dão as cartas. Mas, jogo pressupõe cumplicidade. À margem dos papéis sociais precisos, esses acólitos são aventureiros e intrigantes. Eles rodam à volta dos que pagam. Podem exercer profissões diversas, independentes e... malandras, como as enumera o Fígaro de Paisiello, mas estão sempre dispostos a associarem-se a um patrão. Beneficiando-se de um luxo que não lhes pertence – a imagem melhor é certamente a de Despina bebendo o chocolate de suas patroas, em

Cosi Fan Tutte[2] – há neles um oportunismo que lhes permite saírem-se bem sempre, à sombra das riquezas de outrem. Como parasitas, infiltram-se nas classes superiores que, justamente, lhes oferecem condições de existir.

Para tanto, necessitam de uma inteligência viva e astuciosa, de desembaraço, malícia, dissimulação, de uma prodigiosa capacidade para engendrar tramóias. As maquinações substituem o trabalho que, em verdade, não surge nunca. As fadigas de Leporello são provocadas não por qualquer labuta, mas pelas aventuras de seu patrão: em fim de contas, a vida feita de expedientes dos servidores não parece cansativa, e a última palavra cabe ao Fígaro de Rossini: "che bella vita! Faticar poco, divertirsi assai, e in tasca sempre aver qualche doblone..."

Quando o Povo Sobe ao Palco

O período romântico não possui a *vis comica*, e com ele, os criados engraçados tendem a desaparecer. Quando as óperas românticas trazem personagens populares, eles estão inteiramente desvinculados de qualquer esforço laborioso. São aldeões em festa, ou feiticeiras terríveis: os primeiros deriva-

---

2. Eis a cena completa, primeiro ato, cena 8, de Despina:
"Che vita maledetta
è il far la cameriera!
Dall matino alla sera
si fa, si suda, si lavora e poi
di tanto che si fa nulla è per noi.
E mezz'ora che sbatto;
il cioccolatte è fatto ed a me tocca
restar ad odorarlo a secca bocca?
Non è forse la mia comme la vostra?
O garbate signore
che a voi dessi l'essenza e a me l'odore?
Per Bacco, vo assagiarlo
(Lo assagia)

Com'è buono!
(si pulisce la bocca)
Vien gente! Oh cielo, sono le padrone!"

dos de um bucolismo sentimental, as segundas, de uma concepção que associa o povo – as mulheres, as crianças e os loucos – a uma sabedoria não racional, demoníaca e assustadora.

É no final do século XIX que esaa configuração irá se alterar. A moda dos assuntos realistas e humildes é a responsável pela aparição de heróis inesperados, originados do povo, ou melhor, de uma imagem fabricada a partir dele. Carmen ou Mimi não fazem parte do cortejo dos reis ou princesas do *grand-opéra*, ao qual o público estava habituado.

Entretanto, mostrar as operárias de uma fábrica de charutos na saída do trabalho, ou costureirinhas "ricamando in casa e fuori" não significa abdicar àquelas características apaixonadas nas quais pode se refugiar a alma do espectador. Ao contrário, compositores, libretistas, diretores de teatro público descobriam, gulosamente, todo um filão novo em que o pitoresco e a sensualidade eram explorados. As antigas e gastas situações de lenda e de história tornavam-se vantajosamente substituídas por outras, cuja distância se encontrava no hiato entre as classes.

Realismo "próximo de nós", embelezamento sentimental das "fatias de vida", brutalidade e violência; embriagadoras, as novas óperas transpunham seus assuntos numa dimensão em que as projeções de seus ouvintes mostravam-se atualizadas e eficazes. O público "burguês" via "de cima para baixo" esse meio popular trazido pela música, ao mesmo tempo suficientemente próximo para lhe provocar arrepios "naturalistas", e perfeitamente distinto para lhe causar um efeito de estranhamento. O proletariado urbano começando a ter acesso aos teatros, projetava-se "de baixo para cima" e contemplava seu reflexo enobrecido, engrandecido, lírico e sentimental. Gustave Charpentier, em sua ópera *Louise* dá conta dessa última situação. Na oficina de costura, duas operárias conversam: "Eu fui ver o *Pré aux Clercs* e *Mignon*", diz Irma. "Eu fui ver *Manon*", retruca sua camarada Camille, "É bonito?" pergunta a primeira. "Lindo. Sobretudo quando ela morre".

Porém, se o sentimento dos humildes, intenso ou de uma tristeza infinita, torna-se então primordial, o meio onde vivem podem criar a comiseração, o clima opresso, mas não é jamais o tema, pois a aventura sentimental toma sempre o primeiro lugar.

Na pequena obra-prima de Manuel de Falla, *La Vida Breve*, o coração de Salud é partido por razões sociais, pois seu noivo prefere um casamento rico. Nessa ópera, sabemos claramente que os pobres são infelizes: "Vivan los que rien, mueram los que lloran. La vida del pobre, que vive sufriendo, deve ser mui corta", proclama a ária admirável. No entanto, o trabalho é evocado ali apenas pelo coro dos ferreiros de Albaicin, no início do primeiro ato, como um elemento de introdução profundamente melancólico, ultrapassando largamente a simples cor local, mas indiscutivelmente secundário em relação à trama. *La Vida Breve* inicia-se sob o signo do trabalho, constrói-se sobre as diferenças de classes, mas põe essencialmente em valor a paixão de Salud. Mesmo na ópera "realista" ou "naturalista", nesse gosto pelo mundo da pobreza, o trabalho não toma um lugar determinado.

Louise – A Vida Difícil e a Vida Fácil

Mas existem pelo menos duas exceções. Uma delas já foi evocada: trata-se de *Louise*, de Gustave Charpentier. A outra é *Il Tabarro*, de Puccini. Vejamos, em primeiro lugar, o caso de Charpentier.

As idéias socialistas do compositor, mesmo se vagas ou ingênuas, o levavam a buscar assuntos ligados ao mundo do trabalho. De origem modesta, sonhou com um teatro aberto a um público popular. Para uma das primeiras representações de *Louise*, oferece quatrocentas entradas às costureiras de Paris e promove uma campanha entre os diretores de teatro no sentido de admitirem gratuitamente os operários em certas noites. Uma de suas grandes aspirações era levar as massas populares aos espetáculos, animando algumas associações para esse fim.

Charpentier era também apaixonado por Montmartre, pela vida boêmia e "artista" daquele bairro, talvez superficial, mas que para ele, era sinônimo de liberdade. Assim, renova a antiga oposição romântica entre o burguês e o boêmio, associando o proletário aos valores de trabalho, honradez e moral. No primeiro e no último ato de *Louise*, a família operária é caracterizada por comportamentos rigorosos e austeros. Isto é, o burguês e o proletário acham-se no mesmo lado, unidos pela mesma cadeia moral. No outro, encontram-se, livres do trabalho, livres moral e sexualmente, o boêmio e o artista[3]. Louise, a filha dos operários, se libertará ao se entregar ao amante e ao abandonar a família. A visão de Charpentier é generosa, mas evidentemente simplista. Entretanto, o meio descrito é, pela primeira vez, tão importante, senão mais, do que as aventuras amorosas dos protagonistas.

O compositor – que escrevia seus próprios libretos – possui uma tendência a generalizar as dimensões de seus personagens, fazendo deles quase símbolos[4]. Louise encarna o destino de todas as jovens operárias entregues ao amor livre (ou à "vida fácil", segundo os critérios morais do espectador), para se livrarem dos grilhões do trabalho e da família. Suas

---

3. Eis um diálogo, segundo ato, cena 3, de *Louise*:
"DEUXIEME PHILOSOPHE (ironique)
Mais les ouvriers méprisent les bourgeois!
PREMIER PHILOSOPHE
Ah! Ah! Tu crois ca! [...] Mon cher, l'idéal des ouvriers c'est d'ètre bourgeois... le désir des bourgeois ètre des grands seigneurs... et le rève des grandes seigneurs: devenir des artistes!
LE PEINTRE
Et le rève des artistes?
PREMIER PHILOSOPHE
Etre des dieux!"
4. Essa tendência irá afastá-lo do tom realista e familiar de *Louise*, quando Charpentier escrever a sua ópera seguinte, seqüência da primeira: *Julien*. Demiurgo de seu mundo social, Charpentier tende a valorizá-lo criando alegorias a partir de sua própria classe. Assim, o personagem de Louise, em *Julien*, aparece como A Beleza, A Jovem, A Filha, A Avó. Além disso, deparamo-nos com um Hierofante, um Mago, Moças do Sonho, Fadas, Quimeras e outras abstrações, as quais intervem ao lado de representantes simbólicos de diversas funções sociais: O Cigano, O Operário, O Estudante, A Burguesa, tudo isso misturado com uma multidão de Levitas, Augures, Sábios, Servos e Servas da Beleza, Amantes Homens, Amantes Mulheres, Poetas Eleitos, Poetas Decaídos, Lenhadores, Trabalhadores Braçais, Camponeses, Camponesas, Boêmias, Bretãs, Multidão de Festa e Multidão de Carnaval, Bailarinas Sagradas e Bailarinas de Festa, como enumera a parti-

aventuras pessoais se atenuam no exemplo genérico e se dissolvem no meio onde elas estão imersas e que se torna primordial.

Um notável momento da caracterização desse meio se encontra na cena da oficina de costura (ato II, cena 2). As operárias, em volta das máquinas e dos manequins, falam de seus amores com profunda sensualidade. A ária de Irma, "Oh! moi, quand je suis dans la rue" – cujas palavras são quase uma tradução literal da valsa de Musetta, em *La Bohème* de Puccini – entrecortada pelo palrar das companheiras, transmite um erotismo insatisfeito e turvo, emanando dessa juventude fechada entre as quatro paredes da oficina, obrigada a tarefas longas, intermináveis, fastidiosas. A opressão do trabalho faz sobressair o desejo insatisfeito.

Charpentier é também atraído pelo trabalho de rua, mais irregular, aparentemente mais próximo de uma certa idéia de boemia: mulheres que entregam leite, que catam carvão ou trapos, que dobram os jornais de manhã, que varrem; homens que empalham cadeiras, que vendem legumes, alpiste, roupas velhas. São figuras pitorescas, cujos refrões oferecendo serviços, entoados de modo muito harmonioso, criam um tecido musical de ressonâncias nostálgicas e ternas. O emaranhamento dessas frases musicais, dos fragmentos de diálogo, está freqüentemente no primeiro plano: Charpentier constrói um retrato desse mundo particular do trabalho pelo qual é atraído.

"Wagnerismo deliquescente, que dá lugar às lágrimas, à demagogia", "partitura que busca adular o público em seus

---

tura. Acrescentemos que as diversas cenas se passam em: Montanha Sagrada e Vale Maldito, Templo da Beleza, Paisagem em Eslováquia, Um Lugar Selvagem na Bretanha, Um dos Boulevards e a Place Blanche, em Paris... Mas é de se notar que essa acumulação simbólica, razoavelmente ingênua, pode ter sido um traço de época. Albéric Magnard, na belíssima *Guercoeur*, ressuscitada, recentemente, por Michel Plasson, também faz transcorrer a ação num etéreo mundo de símbolos. E o *Lazare*, de Bruneau, a partir de texto de Émile Zola tende para o simbolismo generalizador. Isso sem contar a "verdadeira" poética do simbolismo que, com Maeterlinck e Debussy, ou D'Annunzio e Montemezzi resultaram nessas extraordinárias obras que são *Pelléas et Mélisande* e *L'amore dei Tre Re*.

instintos mais baixos", "que está nos antípodas do gosto francês", graves musicólogos já falaram mal demais dessa música para podermos aqui assinalar eventuais defeitos. Vale mais sublinhar algumas de suas qualidade: Charpentier sabe buscar em outros compositores – particularmente em Massenet e Puccini, mais longe em Wagner – contribuições sempre incorporadas às suas especificidades de estilo. Os motivos condutores são habilmente empregados, a orquestração é transparente, finíssima, aérea. A melodia, sempre submetida à palavra, torna-se uma espécie de recitativo-cantabile, aderindo perfeitamente à frase, valorizando a expressão dramática sem prejuízo de inteligibilidade: "cuja declamação é tão justa que não se perde uma única inflexão da palavra"[5].

Isto não me parece ter sido suficientemente assinalado: primeiro Massenet e em seguida Charpentier, antes de *Pelléas*, desembaraçaram os libretos franceses de versos redondos demais, de rimas ricas demais, empregaram mesmo a prosa, respeitaram o ritmo das palavras e terminaram por desenvolver um perfeito tratamento musical do texto, correspondente a uma poética nova, mais "moderna". A impressão de natural, ou antes, de *aisance* nas relações entre palavras e música, muito contribuíram para o notável resultado das cenas de *Louise*, em que as conversas simultâneas e as superposições de frases são fundidas à orquestração e ao desenvolvimento musical.

A tentativa de Charpentier em dar ao trabalho a função de elemento constitutivo do drama é excepcional. Se afastarmos algumas óperas do século XX – *Wozzeck* ou *Cardillac*, por exemplo, nas quais o trabalho atinge uma dimensão fantasmagórica, de alegoria ou de símbolo, *Louise* é um caso quase único.

Il Tabarro

Dessa perspectiva, o tratamento dado por Puccini ao tema do trabalho, em *Il Tabarro*, toma um interesse particular.

---

5. Pierre Lalo, "Le théatre lyrique en France", em *De Rameau à Ravel*, Paris, Albin Michel, 1947, p. 365.

Não é, longe disso, umas das óperas mais populares de seu autor. Pequena, com um só ato e uma duração de aproximadamente quarenta minutos, ela pertence a um tríptico.

É preciso lembrar que, no final do século XIX, o imenso sucesso de *Cavalleria Rusticana* e de *I Pagliacci* havia colocado em moda a forma daquilo que poderíamos chamar de ópera-conto: peças muito curtas, de ação condensada, conclusão rápida, brutal ou inesperada. Puccini, desde 1913, imaginara seu tríptico feito de composições do gênero. Juntas, poderiam preencher uma única *soirée*.

Depois de algumas hesitações sobre os libretos, Puccini estréia, em Nova Iorque, em 1918, seu *Trittico*, cujos painéis são *Suor Angelica* (escrita em 1917), *Il Tabarro* (o mais antigo, escrito em 1913), e *Gianni Schicchi*, de 1916. Mas essas pequenas óperas eram muito dessemelhantes para manterem-se unidas apenas por uma justaposição artificial. Os teatros do mundo inteiro as isolam, associam com outras obras e, das três, *Gianni Schicchi* é talvez a mais conhecida.

Il Tabarro é, entretanto, uma obra-prima. É preciso repetir muitas vezes para aqueles que ficaram surdos por causa de seus preconceitos, que Puccini é imenso compositor. *Il Tabarro*, ao contrário de suas outras óperas, não se entrega muito facilmente, mas possui prodigiosa densidade. Dizia Stravinsky: cada vez que a ouvimos, a música de Puccini parece mais bela.

Temas e Personagens

O assunto é francês. Um certo Didier Gold havia escrito em 1910 uma peça em um ato – *La houpellande*[6], pondo em cena um crime brutal, acontecido em um meio operário. Puccini possivelmente tenha se sentido atraído pela "violência da história de um naturalismo *grand-guignolesque*", como

---

6. Didier Gold, *La houppelande*. Pièce en un acte représentée pour la première fois à Paris au Théatre Marigny le 1er septembre 1910. Paris, Librairie Thèatrale du "Nouveau Siécle", 1911.

escreveu André Gauthier[7]. Mas ele deve, sobretudo, ter ficado seduzido pela atmosfera em que se passa a história. O libretista Giuseppe Adami, que também colaboraria em *Turandot*, faz da peça uma adaptação notável.

Gold havia imaginado um duplo assassínio: um pertencente à trama principal, ao triângulo amoroso Michel, Georgette e Louis; outro, muito secundário, cometido no mesmo momento, que aumentava artificialmente a brutalidade, sem acrescentar-lhe força. Adami, sob a direção de Puccini, que seguia, passo a passo, a feitura do libreto, elimina o segundo crime, tornando assim o final mais concentrado e denso.

Os personagens são também modificados em seus caracteres. A Georgette de Gold não tem escrúpulo ou pudor, ela mesma propõe que Louis se torne seu gigolô: "Ah! si tu voulais, je partirai avec toi, au faubourg; tu ne travaillerais pas, tu es trop mignon... je ferais de l'argent pour nous deux... on aurait que du bonheur".

A Giorgetta da ópera, ao contrário, torna-se uma mulher carregada de amargura, querendo apenas sair do meio onde vive com o homem amado. Adami não nos diz muitas coisas a seu respeito. Alguns traços de seu passado – seu amor por Paris e Belleville, e a perda de seu filho – são revelados pouco a pouco, mais habilmente dispostos do que na peça, numa construção teatral muito apropriada à música que Puccini deverá escrever. Música tecida com transcrições graduais, atenuando as oposições dramáticas, suavizando o contraste entre personagens.

Louis, perdendo sua honestidade um pouco simplória, torna-se, na ópera, muito mais complexo: para ele Adami escreve um trecho totalmente inexistente na peça original, espécie de amarga reflexão sobre o trabalho.

Michel, enfim, papel principal da peça, destinado por Gold ao grande ator De Max, abandona a grandiloqüência prolixa e não muito convincente que o caracterizava no texto francês. Assim, por exemplo, o trecho: "tu ne revois donc pas les belles

---

7. André Gauthier, *Puccini*, col. "Solfeges", Bourges, Seuil, 1961, p. 129.

rives que nous avons frolées? Les haltes sous les saules quand le soleil tapait trop dur? Le clapotis aux confluents des rivières? et les soleils levants! et les incendies du soir!" será reduzido por Adami à belíssima frase, tão simples: "Ti ramenti le ore che volavan via su questa barca trascinate dall'onda?" Aliás, depois da música já composta, em 1921, Puccini irá ainda pedir a Adami um substituto para o primitivo longo monólogo que concluía a ópera. O primeiro, excessivamente próximo do de Gold, era uma descrição contemplativa e metafórica do Sena como imagem da vida; o definitivo, mais dramaticamente eficaz, torna-se a expressão angustiada das dúvidas do personagem.

Além disso, Gold emprega uma linguagem oscilando entre um registro que se quer popular e um outro, de um lirismo tagarela. Tudo soa terrivelmente falso e artificial – mesmo se é possível justamente encontrar um encanto muito datado na peça. Adami afasta toda veleidade de imitação da fala vulgar ou da gíria e condensa, enxuga as frases num estilo sonoro e eficaz.

A Paisagem Musical

Uma vez armado o esqueleto sólido e sugestivo, Puccini vai por mãos à obra. E as intervenções semânticas da música darão uma nova dimensão – genial – ao texto. Ela fará com que a imagem do trabalho surja com vigor.

Mas não nos enganemos. Nem Puccini, nem Adami quiseram fazer uma ópera sobre o trabalho ou, menos ainda, defender uma tese social ou política. O resultado, entretanto, nos afasta dos *frissons* provocados pela crônica policial que Gold dramatizara: a ela acrescenta-se uma natureza social que a peça não possuía. Isso não é intencional – por felicidade! –, mas emerge dos movimentos emocionais próprios ao gênero da ópera.

Para uma obra tão curta, na qual tudo deve ser necessário, Puccini emprega uma prodigiosa economia de meios. Sua orquestra se concentra nas cordas, em particular nas cordas graves, criando um ambiente sombrio, aveludado, e noturno.

Sobre essa textura, os outros timbres emergem, manifestam-se, permanecendo, no entanto, sempre integrados.

Isso também acontece com as vozes. Leibowitz[8] analisou admiravelmente o papel da melodia na música de Puccini: invenções fulgurantes que não se desenvolvem através do canto, sempre truncado e chegando com freqüência às formas do recitativo, mas que são retomadas, lembradas, retrabalhadas pela orquestra.

Em *Il Tabarro* as vozes são ainda mais absorvidas pela trama instrumental, mais contínua e presente talvez do que em outras obras. São os instrumentos que se encarregam de dispor a memória dos temas, que Puccini emprega de modo intuitivo, inspirado, não programático. A orquestra determina o quadro geral da ação, é o motor do desenvolvimento dramático, a criadora do meio – a paisagem – onde estão imersos os personagens.

Ela arrasta tudo como um rio. A atmosfera aquática envolve os personagens, seus esforços, suas paixões e ações: "ópera cor de Sena", dizia o compositor. Esse efeito é obtido imediatamente, desde a breve introdução cujos elementos constitutivos voltarão sempre, até o final da obra: o desenho ondulante, em tempos ternários, cuja célula fundamental são as três colcheias descendentes, sobre as quais o tema das quintas paralelas, de movimento flexuoso, suave, se desenrola lentamente, melancolicamente, num *andante moderato calmo*[9].

---

8. "L'oeuvre de Puccini et les problèmes de l'opéra contemporain", *Histoire de l'opéra*, Nevers, Buchet/Chastel, 1957.

9. Os exemplos musicais foram extraídos da edição de Mario Parenti (1960), para canto e piano, em inglês e italiano, editada por Ricordi, Milão, 1974.

Num dado momento, ela é substituída por uma variante um pouco mais animada, um pouco mais sinuosa.

André Gauthier, a respeito dessa introdução orquestral fala de um Puccini paisagista[10] e efetivamente o discurso movente, "fluvial" é completado por pinceladas admiráveis: a celesta, por exemplo, empregada logo depois do crescendo mais intenso, que soa como reflexos sobre a água. Mas Puccini emprega também sons "realistas", novos, que se integram à música e possuem funções semânticas precisas, situando melhor a "paisagem": sirenes de rebocadores e buzinas de automóveis.

Estamos no Sena, num *chaland* ou *péniche* – isto é, num barco de fundo chato, destinado ao transporte fluvial de cargas, tão caracteristicamente francês, até hoje fazendo parte integrada das imagens do Sena: é o *barcone* do libreto[11].

Da Paisagem ao Meio Social

O barco está ancorado perto de Notre Dame. É hora do crepúsculo. Nesse cenário poético, uma outra presença invade os seres: a do trabalho. Ouvimos o canto dos estivadores, o ritmo se torna mais marcado, sem que haja ruptura, pois o tema do rio retorna sempre.

---

10. Gauthier, *op. cit.*, p. 130 e S. Hughes, *Famous Puccini Operas*, 2ª edição, New York, Dover Publication Inc.
11. Eis o cenário:
"Un angolo della Senna, dove è ancorato il barcone di Michele

Sacos de cimento são descarregados. No dia seguinte, deve-se carregar ferro. O porão está quase vazio, é o término de uma jornada exaustiva: "Ora la stiva à vuotata, chiusa è la lunga giornata..."

Sobre a canção dos estivadores, surge um diálogo, próximo de um recitativo: Giorgetta, fria diante das solicitações de seu marido, dá de beber aos trabalhadores:

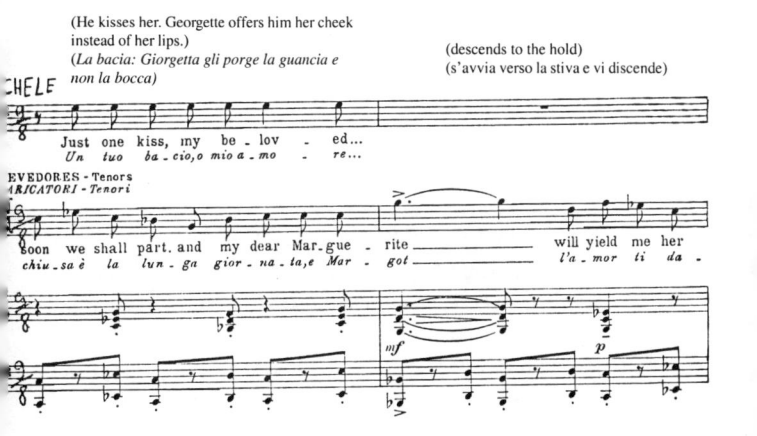

(He kisses her. Georgette offers him her cheek instead of her lips.)
(*La bacia: Giorgetta gli porge la guancia e non la bocca*)

(descends to the hold)
(*s'avvia verso la stiva e vi discende*)

MICHELE
Just one kiss, my be-lov-ed...
Un tuo ba-cio, o mio a-mo-re...

ESTIVEDORES - Tenors
CARICATORI - Tenori
Soon we shall part. and my dear Mar-gue-rite ———— will yield me her
chiu-sa è la lun-ga gior-na-ta, e Mar-got ———— l'a-mor ti da-

Tinca e Talpa, carregando nos ombros a sacaria, reclamam do trabalho, da canseira: "Tinca: Sacchi dannati, mondo bir-

La barca occupa quasi tutto il primo piano della scena ed è congiunta al molo con una passerella.

La Senna si va perdendo lontana. Nel fondo il profilo della vecchi Parigi e principalmente la mole maestosa di Notre-Dame staccano sul cielo di un rosso meraviglioso.

Sempre nel fondo, a destra, sono i caseggiati che fianchegiano il lungo Senna e in primo piano alti platani lussureggianti.

Il barcone ha tutto il carattere delle consuete imbarcazione da transporti che navigano la Senna.

Il timone campeggia in alto della cabina. E la cabina é tutta linda e ben dipinta con le sue finestrelle verdi, il fumaiolo e il tetto piano sul quale sono alcuni vasi di gerani. Su una corda sono distesi i panni ad asciugare. Sulla porta della cabina, la gabbia dei canarini.

È il tramonto."

bone. Talpa: Ah! questo sacco spacca il grappone." Bebem, e a música se anima, numa espécie de esboço de brinde:

LOUIS (pointing to Georgette who carries a pitcher of wine and glasses)
LUIGI (indicando Giorgetta che reca la brocca del vino e i bicchicri)

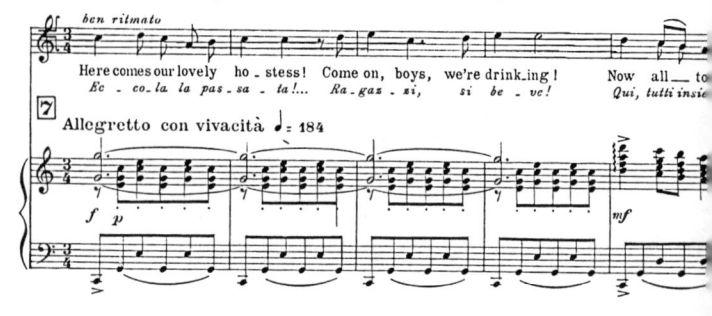

Here comes our lovely hostess! Come on, boys, we're drinking! Now all to...
Ec - co - la la pas - sa - ta!... Ra - gaz - zi, si be - ve! Qui, tutti insie...

A vida dura e o trabalho fatigante são insistentemente assinalados. A fuga pela embriaguez surgirá mais adiante.

A primeira cena nos havia mostrado a patroa esquivando-se diante de seu marido. De um modo muito sutil, Puccini, fazendo-a aproximar-se de Luigi, nos dá a ouvir pela primeira vez o tema, nos baixos, que ameaçará constantemente a união dos jovens amantes.

Georgette - *Giorgetta* (to Louis, as thought to induce him to dance with (*a Lwigi, come per sedurlo s ballare con lei*)

(to the others) I enjoy on...
(*agli amici*) *Io ca - pi - sco u - n...*

You will now hear an artist!
Sen - ti - re - te che ar - ti - sta!

O Italiano e o Realejo

Giorgetta, retraçando numa frase esse tema, diz gostar apenas da música que faz dançar ("Lo capisco una musica sola, quella che fa ballare"). Dança primeiro com Tinca, que é desajeitado. Logo, Luigi o substitui. O realejo, desafinado (os musicólogos várias vezes lembraram a seu respeito a feira de *Petruschka*), cria, com sua pequena valsa, uma forte sensação de mal-estar.

Porém, chega o patrão e a dança pára. Michele conversa com a esposa. Guardará consigo Tinca e Talpa, mas também Luigi – do qual não tem necessidade, mas que não quer ver morrendo de fome, pois o trabalho não somente é duro, como raro.

Depois de um momento de respiração lírica, quando Giorgetta se abandona na contemplação do crepúsculo ("Non sembra un grosso arancio questo sole che muore nella Senna?"), onde reaparece a maravilhosa celesta dos reflexos, ouve-se o tocador de realejo, que vende ainda uma canção. Aqui existe uma ironia de Puccini consigo mesmo, desapercebida se nos referirmos apenas à ópera, mas que se revela inteiramente através da leitura da peça francesa de Gold.

Nesta, o homem do realejo é dito "italiano" ("Louis, hélant un joueur d'orgue de Barbarie qui passe par le quais. 'Et pis, toi, l'Italien, on te fout deux thunes de macaroni, si t'y vas d'un air avec ta boîte à musique! Il a une gueule de singe, mais il joue comme un ange. C'est un artiss', quoi'"). Ele vende, na ópera, uma canção que conta a história infeliz de uma certa Mimi, que morreu esperando seu namorado. E a orquestra pisca o olho ao público, fazendo surgir a primeira frase da narração de Mimi em *La Bohème*: "Si, mi chiamano Mimi."

Trata-se, é claro, de uma brincadeira de Puccini consigo próprio, que se assume enquanto italiano comedor de macarrão e se identifica com o homem do realejo. Mas também, como no ateliê de *Louise*, onde se falava de *Mignon* e *Manon*, a evocação, no palco, de um público popular para essas óperas sentimentais: as costureirinhas retomarão, em coro, o tema de Mimi.

A Resignação diante das Paixões

Surge um novo personagem, a Frugola, que se destaca do clima sonoro geral, mais caracterizada musicalmente: um *allegro energico* e uma orquestração mais áspera, com trompetes em uníssono e cordas *col legno*. Frugola catava objetos, e sua primeira canção é uma espécie de *momento mori*: a vida dos objetos que ela recolhe ensina a relatividade das paixões, dos desejos: todos, objetos cobiçados ou pobres, acabam no mesmo saco. Em seguida, ela tomará o ronrom de seu gato como a melhor filosofia da vida: não desejar o que não se pode ter. Mas essa é uma lição impossível.

Aqui começa se configurar um dos pontos-chave da ópera. A vida de cada um de nós é apresentada árdua, difícil; o tempo do "real" não corresponde ao tempo desejado, ao tempo verdadeiro. Pois a "verdadeira vida" não começa justamente quando se escapa desse real? *Il Tabarro* apresenta dois registros: o do cotidiano, insuportável, mas que pode ser esquecido através da fuga em direção de um outro, o dos desejos, dos sonhos, da bebedeira.

Isso será imediatamente enunciado. Frugola ralha com Talpa: ele bebe demais, não tem vergonha? Não, é a resposta. O vinho faz bem. Pode-se afogar nele os pensamentos de revolta: se eu bebo, eu não penso; se eu penso, não rio.

Volúpia, Sonhos, Revolta

Nesse momento começa o monólogo que Adami escreveu para Luigi, inexistente na peça original. A linha melódica é tensa, num arioso em que as frases são estiradas, com freqüência traçadas de baixo para cima, culminando num fortíssimo e traduzindo um esforço desesperado. O texto de Adami é o seguinte:

> Tens muita razão; melhor não pensar, baixar a cabeça e curvar a espinha. Para nós, a vida não tem mais valor, e toda alegria se converte em pena. Os sacos nas costas e a cabeça baixa para o chão! Se olhares para cima, cuidado com a chicotada. Ganhas o pão com o suor, e a hora do amor te é roubada! Roubada entre espasmos e medos que obscurecem a mais divina embriaguez. Tudo nos é negado, tudo nos é retirado, a jornada já é escura desde a manhã. Tens muita razão: melhor não pensar. Baixar a cabeça e curvar a espinha[12].

Estranha ópera essa, cuja ária principal do tenor não é uma romança de amor, mas uma reflexão sobre a condição operária, sobre a alienação, e, mais precisamente, sobre a alienação do prazer, do tempo de vida "verdadeira", anulado pelas exigências do trabalho! Luigi não é de modo algum um revolucionário, mas *Il Tabarro* constata, e essa constatação imprime uma densidade social que os personagens carregam inevitavelmente. Ainda mais que tais observações não sur-

---

12. "Hai ben ragione;
meglio non pensare,
piegare il capo
ed incurvar ia schiena.
Per noi la vita
non ha piu valore,
ed ogni gioia
si converte in pena.
I sacchi in groppa
e giù la testa a terra!
Se guardi in alto,
bada alla frustata.
Il pane lo guadagni col sudore,
e l'ora dell'amore va rubata!
Va rubata fra spasimi e paure
che offuscano l'ebbreza più divina.
Tutto è conteso,
tutto ci è rapito,
la giornata è gia buia alla mattina!
Hai ben ragione;
meglio è non pensare.
Piegare il capo
ed incurvar la schiena!"

gem num momento secundário da ópera, mas num instante particularmente relevante: trata-se da grande ária do tenor iluminando com suas reflexões todo o universo instaurado pela obra.

A própria Frugola, apesar de sua canção ajuizada, foge também para o sonho, parecido com o dos três ministros chineses de *Turandot* que querem escapar ao império sangrento: uma pequena casa no campo, uma vida tranqüila. Desse modo, diz Frugola, pode-se mais tranqüilamente esperar a morte, o único remédio para todos os males.

Giorgetta replica que seu sonho é outro. Como Luigi, nasceu em Belleville, bairro popular e animado de Paris. E só o ar da cidade grande, do subúrbio, a alimenta. Luigi se junta a ela, numa evocação de sublime lirismo. De novo, Puccini se entrega à composição matizada de uma paisagem sugestiva, dessa vez, paisagem de sonho. É particularmente singular o fato de que nesse dueto os dois amantes não falem de amor, como em todas as outras óperas, mas se unam em sua aspiração, na evocação da vida que poderia ser e que não é.

É necessário lembrar que esses diversos momentos – monólogo de Luigi, canção de Frugola – são talhados na mesma massa musical, por assim dizer. Note-se este exemplo da arte pucciniana em esbater as passagens, criando um *fade in* musical, na superposição de duas imagens sonoras, a da canção do gato, que se termina, e a do rio, que retoma seus direitos:

O Patrão, o Empregado: O Marido, a Traição

Enquanto Michel inspeciona o porão, ouve-se de novo, bem claramente, o tema da água, suavemente colorido pelas vozes, à distância, de um tenorino e de um sopranino. Luigi e Giorgetta conversam, a medo, sobre a noite precedente, noite de amor que puderam ter. O tema da ameaça, angustiante, acompanha o diálogo.

Chega Michele, e Luigi lhe pede para desembarcar em Ruão. Michele recusa, pois se o desemprego está por todos os lugares, em Ruão é pior. Luigi ficará.

Michele sai para acender as lanternas do barco. Luigi confessa a Giorgetta que quis abandoná-la porque não suporta dividi-la com Michele. Marcam um encontro para mais tarde: o sinal será o fogo de um fósforo.

Como seria bom, se pudessem fugir, partir, deixar para trás a vida que levam, entregar-se à volúpia que lhes é negada: então, a sombra de um assassinato se projeta no interior de uma imagem decadentista e preciosa, cujo tom será mais freqüente em *Turandot*: "io te lo giuro, non tremo a vribrare il coltello, e con goccie di sangue fabricarti un gioiello". Isso é dito num crescendo intenso, que se interrompe para dar lugar a uma descida cromática dos violinos, acompanhada pelo tema da ameaça e cobrindo a retirada célere de Luigi. Sozinha, Giorgetta exprime a dificuldade de ser feliz. A frase é enunciada simplesmente, sem acompanhamento de orquestra, e isso põe acentuado destaque ao sentido das palavras.

A partir desse momento o drama se concentra e a figura de Michele domina. Surge, primeiro, sua violência – diz a Giorgetta que Tinca deveria matar sua mulher, uma sem-vergonha. Em seguida, sua ternura, e sua tristeza, se revelam: por que Giorgetta não o ama mais? Não é verdade, ela o ama, mas está com sono, quer dormir. Mas ela não dorme nunca! É que a cabina é pequena e muito abafada. E Michele sabe porque ela não pode dormir: desde que perderam o filhinho, as insônias não a deixam. Michele evoca o tempo que se foi quando ele os protegia, a esposa e o filho, com seu manto. Nessa palavra, o tema terrível da cena final é anunciado.

A evocação continua sob a forma de uma espécie de *berceuse*, num vai-e-vem próximo do ritmo que caracteriza o rio.

Giorgetta sai. Ouvem-se longos acordes sustentados pelos baixos, acordes sombrios como a noite que caiu. Sobre eles pousa o canto de dois namorados ao longe, o toque de recolher de uma caserna, os sinos de uma igreja. A paisagem noturna foi traçada.

Só, Michele, envolvido pelo tema sinistro do manto, se interroga, com suspeitas. Sabe que a mulher tem um amante. Sente-se encadeado e quer dividir essas cadeias com esse amante, que não sabe quem é. Acende o cachimbo. A música se precipita num 2/4 sacudido.

Luigi se aproxima, pensando distinguir o sinal de Giorgetta. Michele o assassina ferozmente e dissimula o cadáver sob o manto.

Surge Giorgetta, um pouco ansiosa. Ela diz ter tido remorsos pela dor que lhe causou suas recusas. Michele a convida a se aproximar. Quando ela lhe pede para se protegida como outrora, pelo manto, ele a atira sobre o cadáver de Luigi.

O crime final não é diretamente provocado pela condição social dos personagens, mas está inserido nessa condição. Envolvidos pela atmosfera do rio, vistos do interior de seus esforços, numa faina rude, esses personagens existem à medida que estão mergulhados num meio que os impregna e determina.

Não se trata do crime único, cometido por personalidades de exceção, como acontece na grande tradição da ópera e do teatro. Trata-se de *um crime*, como qualquer outro, acontecido num meio operário. Poderíamos dizer, secretado por esse meio. A brutalidade do ato não elimina a sutileza na caracterização dos conflitos sociais. O patrão e o operário pertencem ao mesmo mundo, e estão ligados pelas mesmas cadeias, assim, aprisionados no mesmo amálgama sonoro. Michele não é o vilão, nem Luigi o tenor heróico e sem mácula; a luta entre os dois não dá num imediatismo caricatural: é sobre o meio, tão admiravelmente caracterizado pela música, que a responsabilidade recai. Como, além disso, os personagens de Puccini sempre possuem uma espécie de vivido "carnal" absolutamente extraordinário, tudo se passa em relações corporais de desejo contrariado e de esforço físico, de cansaço embrutecido e de embriaguez sonhadora. *Il Tabarro* é uma evidente demonstração de complexidade pucciniana, e de seu poder em engendrar um *pensamento* através da música.

7. CARLOS GOMES E VILLA-LOBOS*

Em uma cena do filme *Os Clowns*, Federico Fellini encontra um palhaço já idoso, glória antiga do circo italiano. Face a face, os dois não sabem muito o que dizer. O palhaço velhinho propõe então: "Quer que eu cante uma canção do meu tempo?" E ele se põe a cantar. A canção, que Fellini com certeza não identificou, era, na verdade, *Mia piccirella*, ária da ópera *Salvator Rosa*, de Carlos Gomes.

A anedota ilustra bem duas coisas. Primeiro, a grande popularidade que a música de Carlos Gomes conheceu no fim do século XIX e no começo do século XX. Segundo, o seu esquecimento, uma vez que só sobrevive na memória obscura de um velho.

---

* Este texto teve um núcleo inicial numa comunicação apresentada num congresso da Fundação Gulbenkian, em Paris, intitulada "De Carlos Gomes à Villa-Lobos: la question du 'national' dans la musique brésilienne", Paris, 1988, pp. 249 e ss.

Carlos Gomes como índio, caricatura da Gazzetta Musicale de Milano.

Um tal sucesso e um tal eclipse seriam banais se não estivessem associados a uma obra e a uma vida que constituíram o ponto de convergência de um verdadeiro feixe muito intrincado de problemas culturais.

A trajetória de Carlos Gomes foi fora do comum. Elevou-o à posição do compositor brasileiro com maior projeção internacional em seu tempo. Seria necessário esperar o século XX para que outros músicos das Américas atingissem uma celebridade equivalente. Sua carreira transcorre a cavalo entre dois países: o Brasil e a Itália; seus sucessos internacionais se iniciam com *Il Guarany*, apresentado pela primeira vez no teatro Alla Scala, de Milão, em 1870.

Essa situação confere ao compositor duas pátrias: uma de origem, outra de adoção. Gianpietro Tintori cita um brinde feito pelo compositor em 1876: "À minha segunda Pátria, a Pátria de meus filhos, a nação que domina o mundo na arte musical, à Itália!"[1]

Não é uma posição cômoda. A vida e a obra de Carlos Gomes diverge das de Offenbach ou Lully, em que escolhas definitivas permitiram uma integração indiscutível numa cultura de adoção. Carlos Gomes também não é comparável a outros artistas brasileiros, pintores ou músicos de talento que iam a Paris ou a Roma para se aperfeiçoarem e que, orgulhosos de alguns sucessos menores, voltavam ao país para exercer suas artes com prestígio. Carlos Gomes, vítima de uma viagem cultural que deu certo demais, encontra-se numa posição desconfortável.

Nascido em 1836, em Campinas, Carlos Gomes, filho de músico, revelou-se muito cedo o mais talentoso de seus numerosos irmãos. Encontra-se em 1860 no Rio de Janeiro, onde se aperfeiçoa no Conservatório Imperial. Sua chegada na capital coincide com a eclosão de um movimento efêmero, mas importante na história da música brasileira – a criação de uma "Ópera Nacional". Alejo Carpentier – em obras como *America Latina en su Musica* e *la Musica en Cuba* – já sublinhou a vaga de óperas nacionalistas como um fenômeno latino-ame-

---

1. *Catalogo della Mostra Exposição do Centro Culturale Italo-Brasiliano e da Biblioteca Comunale di Milano*, Milão, 1986.

ricano, conseqüência dos romantismos locais, em particular no México, em Cuba e na Venezuela.

No Brasil, a Imperial Academia de Música e Ópera Nacional oferecia um alicerce bem sólido e concreto para o desenvolvimento dessa corrente musical, estimulando compositores brasileiros. É para a Ópera Nacional que o jovem Carlos Gomes escreve, em português, as suas duas primeiras obras para o teatro: em 1861 *A Noite do Castelo*, e em 1863, *Joanna de Flandres*, música toda italiana, muito marcada por Verdi.

As duas óperas obtêm sucesso. O Imperador concede ao jovem compositor uma bolsa de aperfeiçoamento na Europa.

Carlos Gomes parte para Milão. Depois de alguns anos de estudo, escreve a música de duas operetas em dialeto lombardo: *Se Sa Minga* (Nada se sabe) e *Nella Luna* (Na lua), que fazem furor e o tornam muito popular. Os libretos eram de Scalvini, mais tarde seria um dos autores do texto de *Il Guarany*. Pela primeira vez, trazia-se a Milão esse gênero ligeiro, importado da França. Tratavam-se de revistas musicais, retomando acontecimentos importantes ocorridos no ano que se terminava. A audição do prelúdio de *Se Sa Minga* revela, com indiscutível evidência, o quanto ele deriva da música de Offenbach, embora uma grandeza melódica e uma curiosa melancolia, que parecem traços bastantes originais, estejam presentes.

De todo modo, essas obras indicam, por parte de Gomes, atenção para fenômenos musicais que ocorrem além da península e, também, apesar do que algumas leituras afirmaram, uma integração, sem deslocamento algum, no meio artístico e intelectual de Milão. Carlos Gomes mediu bem o que podia ser novidade para o público milanês e soube, habilmente, trazer da França certas formas que significassem novidades de sucesso. Para tanto, seria impossível que ele não dominasse plenamente o meio cultural em que se encontrava.

As portas do Scala abrem-se para ele, e em 19 de março de 1870 dá-se a estréia de *Il Guarany*, ópera sobre um libreto de Scalvini e D'Ormeville, inspirada em José de Alencar.

Carlos Gomes triunfa. E isso transforma a sua viagem européia, viagem de formação e de aprendizagem, em uma espécie de viagem de iniciação. Pois, vencendo a prova do

Scala, Carlos Gomes toma, aos olhos dos brasileiros, as proporções de um mito. Sobretudo porque não cortou os laços com a cultura brasileira. Sua música era estritamente européia e ele nunca se serviu sequer de temas folclóricos ou indígenas para dar cor local às suas obras. O desejo de fazer uma música voluntariamente nacional aparece no Brasil com uma geração um pouco posterior. Gomes não tentaria, musicalmente, em suas obras, nenhum caráter formalmente "nacional" – o que, aliás, seria descabido. Suas invenções, que teriam repercussões mesmo sobre a *Aida*, de Verdi, revelam um autor altamente consciente das novidades internacionais. Como brasilidade, bastava-lhe, no que concerne *Il Guarany*, o assunto. Extraído do romance de José de Alencar, Carlos Gomes fazia, para maior gáudio dos brasileiros, com que o indianismo passasse a adquirir uma existência internacional.

Carlos Gomes obtém êxito em sua primeira ópera européia, com aplausos calorosos do público e crítica temperada nos jornais. Bela situação, que lhe augura um início de carreira promissor: mais tarde, o triunfo de *Salvator Rosa* obteria uma fulgurante e consagradora recepção. Para as proporções da cultura brasileira o sucesso de *Il Guarany* crescia, no entanto, como imenso, absoluto, lendário triunfo, que transformava o compositor no gênio musical da grande nação. Que sua música fosse estritamente européia, que ele nunca se tivesse servido sequer de temas folclóricos para dar cor local às suas obras, não importava. Só mais tarde, com Nepomuceno, com os irmãos Levy, é que surgiria o desejo de produzir música voluntariamente "nacional".

Il Guarany era, de início, um romance e um assunto brasileiros, mesmo se coristas e protagonistas, fantasiados de índios, cantassem em italiano diante de belos cenários de um exotismo impreciso. O que não impediu os brasileiros de se reconhecerem profundamente nessa obra, a ponto de sua abertura tornar-se, entre nós, uma espécie de segundo hino nacional.

Il Guarany começa então uma carreira na Itália e fora dela, pois será apresentado nos principais centros musicais. Quando da estréia no Rio, em presença do Imperador, o público brasileiro exultou em ovações delirantes.

Carlos Gomes se casa com uma italiana e se fixa em Milão. Em 1873, no teatro Scala, uma outra estréia: a da *Fosca*. Dessa vez, o assunto é italiano – veneziano, mais precisamente – e o libretista, Antonio Ghislanzoni, era um poeta conhecido, que colaborara com Verdi, escrevendo o texto de *Aida*. Se, para *Il Guarany*, Carlos Gomes empregara sua inspiração fecunda e espontânea, seu extraordinário talento para inventar melodias e combinar timbres, para a *Fosca* sua ambição artística se faz muito mais consciente. A obra é musicalmente densa e rica. *Fosca* é, em realidade, uma ópera admirável. Mas foi um meio sucesso. Carlos Gomes, um pouco assustado, decide reconquistar o seu público.

Há uma carta escrita por Ghislanzoni a Giulio Ricordi, e publicada num precioso livro de Gaspare Nello Vetro[2], que diz o seguinte:

> Domani probabilmente il M° Gomes verrà qui ed io gli parlerò dell'affare colla debita circospezione. Godo che la Casa editrice pensi di accaparrarsi questo maestro pieno d'ingegno e di energica volontà di riuscire. Il capitombolo di Wagner gioverà indubbiamente anche al Gomes il quale, affetto come gli altri della lebbra, nella Fosca ha fatto, senza però riuscirvi completamente, degli immensi sforzi per essere astruso. Le basti sapere che dopo avermi fatto sentire il canto "Cara città nattia" (quel canto semplice e ritmico a cui è dovuta la salvezza del primo atto) – il Gomes era sul ponto di cambiarlo dicendomi: Cosa dirà Filippi di questa volgarità?

Filippi é um crítico musical, defensor da "música nova". Vetro explica, num comentário, que *Lohengrin*, executado no teatro Alla Scala no dia 20 de março de 1873 e cuja propriedade editorial era da casa Lucca, por atuações de Ricordi, o concorrente, foi um fiasco. Ghislanzoni afirma que Carlos Gomes fora contagiado pela "lepra" wagneriana "e provavelmente, por convite de Ricordi, sugeriu 'com a devida circunspecção' ao compositor de manter-se, para o *Salvator Rosa*, a um estilo mais tradicional. Carlos Gomes aceitou essa suges-

---

2. Gaspare Nello Vetro, A. *Carlos Gomes, Carteggi Italiani 3*, Parma, ed. do autor, 2002.

tão e, de fato, esta ópera assinala um passo atrás, em relação à *Fosca,* bem mais moderna na concepção"[3].

Assim, Carlos Gomes, em 1874, no Teatro Carlo Felice de Gênova, apresenta *Salvator Rosa,* sobre um assunto napolitano, libreto de Ghislanzoni, ópera talvez menos "complicada", menos "difícil" que a *Fosca,* mas muito inspirada e extremamente feliz de um ponto de vista dramático. Era diferente como projeto, mas não "inferior" à obra precedente, apesar de o próprio compositor ter dito alguma coisa como: "O *Guarany* para os brasileiros, *Salvator Rosa* para os italianos, e a *Fosca* para os verdadeiros conhecedores."

Salvator Rosa, cuja concepção dramática é muito próxima de *I Vespri Siciliani,* de *Simon Boccanegra* e, sobretudo, do *Don Carlo* de Verdi – no qual a ação propriamente dita conta menos que as relações torturadas e terríveis que se tecem entre os personagens –, beneficia-se de um tratamento musical fortemente estruturado. O personagem do tirano, o Duque de Arcos, com a ária *Di sposo, di padre,* talvez seja o único de um outro compositor a não empalidecer diante do Felipe II de Verdi, e os duetos entre Salvator e Masaniello remetem diretamente a *Don Carlo.*

A ópera seguinte, *Maria Tudor,* de 1879, fracassa irremediavelmente no Scala. Como é possível que o maestro tenha-se enganado tanto, perguntam os críticos? Com uma inspirada abertura e um notável último ato, a obra revela um compositor hesitante, refreando seus impulsos, às vezes perdendo-se em soluções musicais de convenção.

Carlos Gomes volta ao Brasil em 1880 para montar as suas óperas no Rio de Janeiro, em São Paulo, em Salvador da Bahia e no Recife, confirmando o mito de grande gênio nacional através de um triunfo estrondoso. É recebido de maneira principesca: na sua chegada, a baía do Rio de Janeiro está coalhada de barcos embandeirados para acolhê-lo, e à noite fogos de artifício explodem dos lados do Pão de Açúcar. "Festas colossais", escreve em uma das suas cartas.

No seu retorno a Europa, pelo menos a partir de 1883, começa a trabalhar em uma ópera que reata novamente com

---

3. Gaspare Nello Vetro, *op. cit.,* p. 24.

os temas brasileiros, pois o assunto está associado ao movimento abolicionista. Trata-se de *Lo Schiavo*, que estava destinada de início à ópera de Bolonha. Ela será finalmente apresentada no Rio em 1889, depois da promulgação da Lei Áurea.

Enfim, as suas duas derradeiras obras – apesar de um interesse musical indubitável, entrevendo caminhos musicais renovados –, o *Condor*, de 1891, e a cantata *Colombo*, de 1893, obtêm pouco sucesso. Sobretudo *Condor* abre-se para um decadentismo que prenuncia a música "d'annunziana" do início do século XX, explorada por Montemezzi ou Zandonai. Este último, por sinal, escreveria, em 1936, ano do centenário de Carlos Gomes, um hino em sua homenagem.

Os biógrafos narraram muitas vezes os últimos anos dolorosos de Carlos Gomes, seus dramas familiares, a morte de dois filhos, a doença incurável de um terceiro, os problemas financeiros. Entre lenda e realidade, contou-se também as inúmeras dificuldades do compositor frente ao Brasil republicano: fiel ao imperador, a quem ele devia sua carreira, quando lhe enviam, acompanhada de uma soma muito grande de dinheiro, a encomenda de um hino para a recente república dos marechais, apesar das dificuldades materiais, e com um gesto que lembra os de seus personagens de ópera, devolve o pagamento com sua recusa. Isso lhe vale o fechamento das portas do conservatório do Rio, de que desejava a direção. O cargo seria confiado a Leopoldo Miguez, o autor do hino da nova república.

Se o Sul do Brasil não se interessa por ele, o estado do Pará, na época opulento graças à borracha amazônica, convida-o para dirigir o Conservatório de Belém. Talvez houvesse ainda, para o compositor, algumas possibilidades para ficar na Itália, exercendo uma função pedagógica: certas cartas testemunham negociações no sentido de conferir-lhe a direção do Conservatório Benedetto Marcello, de Veneza. Mas Carlos Gomes, muito doente, prefere voltar ao seu país. "No Rio não me querem nem para porteiro do Conservatório. Em Campinas e São Paulo idem. No Pará, porém, me querem de braços abertos! Não me querem no Sul, morrerei no Norte que é toda terra brasileira! Amém".

Carlos Gomes faz parte de nosso patrimônio cultural. De um ponto de vista internacional, entretanto, suas óperas caíram no esquecimento – até agora, pelo menos, já que um sério *revival* parece estar começando. As razões desse esquecimento estão ligadas à história do gosto musical, muito mais que à qualidade intrínseca das obras.

Carlos Gomes, em Milão, aproximou-se do movimento artístico lombardo denominado *scapigliatura* (de *scapigliati*, que em italiano significa "descabelados"), último sobressalto de um romantismo exaltado. O espírito *scapigliato* atingiu todas as artes: literatura, música, pintura. Boito, poeta e músico, era um dos líderes desse movimento, mas as óperas que o grupo produziu, inflamadas, de grande espetáculo e com assunto histórico, seriam em breve destronadas pelo verismo, intimista e "realista". Hoje, com exceção da *Gioconda* de Ponchielli e do *Mefistofele* de Boito, nenhuma das obras musicais da *scapigliatura* sobreviveu nos teatros. Se um dia se proceder à redescoberta desse período da música italiana – e ele o merece – não há dúvida que Carlos Gomes reencontrará o lugar que lhe é devido.

Os laços ambíguos que a obra de Carlos Gomes manteve com a Itália e com o Brasil exigem, para serem compreendidos, que recuemos um pouco e nos interroguemos sobre as condições que permitiram o surgimento, dentro da cultura brasileira do século XIX, desse músico que permaneceria vinculado ao Brasil, insistindo em manter uma imagem brasileira de si, apesar de incorporar-se na cultura de um outro país e, por meio dela, projetar-se num sucesso internacional.

Isso não dependeu de um acidente individual, ou de um certo oportunismo que poderia ter sido empregado para assegurar a identificação entre a pátria e seu filho ilustre. É possível aqui, numa digressão, evocar um caso paralelo, que não pertence ao domínio da música e que vem da Dinamarca. A comparação faz sobressair a complexidade das circunstâncias nas quais Carlos Gomes está inserido.

Trata-se do escultor Thorvaldsen, glória artística da Dinamarca. Depois de uma longa carreira em Roma, cidade que ele amava acima de todas, o autor do *Jasão* decide retornar ao seu país. "Foi uma decisão realista", lembra Lisbeth Jorgensen. "Um, entre muitos outros, em Roma ou Munique, ele teria caído no esquecimento, enquanto que, em Copenhague, ele era Um e Único, a glória da nação"[4].

A Dinamarca lhe oferece uma acolhida, digna das mais altas ambições, erigindo um imenso museu especial para suas obras, talvez o primeiro na história a ser consagrado a um único artista; mais ainda, a um artista vivo. O caráter de suprema homenagem acentua-se pelo fato de que o edifício guarda, no pátio central, os restos mortais do escultor, túmulo esse que havia sido previsto ainda durante a vida de Thorvaldsen.

Permanece o fato de que, se a Dinamarca se engrandece pelo gênio de seu escultor ilustre, nenhum traço de articulação da obra com o país natal do artista é possível. Não apenas pelo estilo do neoclassicismo internacional, cujas formas foram profundamente renovadas pelo dinamarquês, mas porque laço algum – temático ou de intenção plástica – se estabelece entre o artista e sua pátria. Produzir um Thorvaldsen é um acontecimento maior, sobretudo numa cultura periférica, cujos alcances, forçosamente limitados, não induzem a supor um tal fruto. Se os elos humanos entre Thorvaldsen e a Dinamarca são perfeitamente justificáveis, do ponto de vista de uma cultura nacional, porém, a obra do escultor pode ser vista como uma excrescência.

Com Carlos Gomes, não é o que se passa. O surgimento do compositor pressupõe a idéia de uma "cultura nacional" que, boa ou ruim, não importa, é, em todo caso, indispensável para a compreensão de seu ser e de sua obra. Carlos Gomes faz suas primeiras armas nos anos de 1860, no momento em que a idéia de uma "nação brasileira" afirma-se no país. Sentimentos fraternos difusos, construção de um passado distinto do de Portugal, busca de uma especificidade: tudo isso se situa no domínio do imaginário, das sensibilidades, do simbólico, que marcam a história da cultura brasileira. Pedro I, imperador músico, estará entre os primeiros a exaltar a "brava gente brasileira", que começa a sair do limbo para participar do concerto das nações: "do universo entre as Nações, resplandece a do Brasil".

---

4. Lisbeth Balslev Jorgensen, "Thorvaldsen Museum – A National Monument", *Apollo Magazine,* vol. XCVI, nº 127, set. 1972, p. 24.

O índio tornar-se-á o ancestral legítimo, autóctone, heróico, e não comprometido com a história colonial. O manto imperial, como lembrou Alexandre Eulálio, era feito de plumas de tucano: dessa maneira, tornava-se o símbolo da transmissão do poder do ancestral indígena mítico ao soberano atual independente. Que o monarca se revestisse com esse manto, e viam-se eliminados trezentos anos de colônia. José de Alencar será o supremo cantor dessas origens brasileiras em um dos mais belos textos de nossa literatura: *Iracema*, nome cuja sonoridade saborosamente indígena é, na verdade, uma invenção, um anagrama de América. Lembremos também que o indianismo de Alencar, sua admirável prosa poética, tão adequada para contar histórias fundadoras de um passado imaginário, inspiram-se nos romances americanistas de Chateaubriand, em *Atala*, em *René*. Os cruzamentos culturais não cessam, e o "autenticamente" brasileiro era, como sempre, o fruto de uma construção sobre a qual atuam culturas diferentes.

O indianismo correspondia certamente a um desejo de brasilidade, e sua repercussão, como se sabe, foi imensa e profundamente "vivida". As obras literárias produzidas por esse movimento obtiveram um sucesso real, e um dos sintomas evidentes dessa popularidade foi a invasão dos nomes próprios indígenas, extraídos de romances e poemas, que até hoje se encontram entre os mais correntes no Brasil.

As experiências culturais brasileiras vinculadas à questão do caráter nacional foram inumeráveis, durante o século XIX. Já foi mencionado, acima, o encontro feliz entre Carlos Gomes e o movimento da Ópera Nacional. Já nos referimos ao seu objetivo, que foi imaginado pelo empresário Don José Amat: fazer cantar óperas em português e apresentar, "ao menos uma vez por ano, uma ópera de autor brasileiro"[5]. A busca de formas que pudessem, de algum modo, caracterizar uma qualquer "brasilidade" não existia ainda, e mesmo os te-

---

5. Sobre a questão, ver Luiz Heitor Correa de Azevedo, "As Primeiras Óperas", *Revista Brasileira de Música*, vol. 3, fasc. 2, Rio de Janeiro, Instituto Nacional de Música, 1936, pp. 201-245. Número especial consagrado ao 1º centenário do nascimento de Carlos Gomes.

mas podiam não ser brasileiros – embora, para assinalar exceção, um compositor como Elias Álvares Lobo situasse a história de sua ópera *A Noite de São João* em São Paulo.

A Noite do Castelo, *Joanna de Flandres*, escritas em português, não tinham assuntos brasileiros. Tratavam de narrações medievais, envolvendo cruzados e castelãs. O tema da primeira é, por sinal, extraído de Castilho, e mergulha no mais delirante romantismo medievalista. Não importa: a inflexão nacional do movimento era evidente, estimulando os músicos a se voltarem para a cultura e para o público locais. O indianismo teria provavelmente surgido nos programas da Ópera Nacional, se ele tivesse vivido um pouco mais que seus rápidos anos de existência; musicalmente eclodiria dez anos mais tarde, na Itália, com *Il Guarany*, no teatro Alla Scala, de Milão.

Se uma ópera que incorporava índios e colonizadores portugueses no Brasil, com um balé no terceiro ato representando uma cena de sacrifício ritual entre os selvagens, pôde ser dado no teatro Alla Scala, foi evidentemente porque o público europeu estava disposto a apreciar esse gênero de espetáculo. Não é necessário lembrar aqui que o exotismo era então degustado com delícias: da *Africaine*, de Meyerbeer aos *Pêcheurs de perles*, de Bizet, passando por *Aida*, de Verdi (pouco posterior a *Il Guarany*), e pela *Perle du Brésil*, composta por Félicien David em 1850, e cuja ária "Charmant oiseau" sobrevive ainda nos recitais dos sopranos coloratura; o repertório dos teatros líricos trazia, de temporada em temporada, os perfumes capitosos e as emoções de terras estranhas, selvagens, sensuais.

O campo onde se insere o primeiro triunfo internacional de Carlos Gomes pode ser esmiuçado em pontos mais precisos. Suas obras apresentadas na Itália não revelam um compositor subalterno, aplicando, com maior ou menor habilidade, as receitas de outrem, mas um músico original, interessado em experiências que ultrapassavam o meio milanês. Carlos Gomes não somente se integrou na linguagem musical de Milão, e na cultura desse grande centro – a prova está nas duas revistas escritas em dialeto milanês e inspiradas em episódios da atualidade que, de algum modo, afetaram a cidade –, mas o renovou.

De um modo corrente, a musicologia tem associado Carlos Gomes à musica italiana de seu tempo, o que não faz sombra de dúvida. Mas, examinando com cuidado a obra do grande campineiro, e tentando inseri-la na produção de óperas internacionais que lhe é contemporânea, é possível constatar que ele intuiu certos caminhos, novos, presentes no universo europeu. Suas obras, na verdade, tiveram, muitas vezes, um papel precursor.

Nos anos de 1860 a 1890, o modelo francês do *grand-opéra* adquire uma enorme importância para toda a música da Europa. Meyerbeer, Halévy surgem como renovadores do gênero, sobretudo o primeiro, com sua concepção de "obra de arte total", mais tarde retomada por Wagner. São compositores maltratados pela posteridade e até hoje desdenhados. Passaram por um longo período de descrédito e de esquecimento – a não ser como exemplos de "má música". Exemplos nominais, está claro, pois até recentemente essas composições não eram executadas. Basta dizer que uma das obras-primas de Meyerbeer, *Robert le Diable*, conheceu gravação em disco apenas no ano de 2001.

Aos poucos, está-se descobrindo o interesse de tal arte, e compreende-se melhor o impacto que causaram nos contemporâneos. Meyerbeer é o pressuposto para a existência do ambicioso projeto de Wagner, mesmo se Wagner renegasse – *et pour cause* – esses compositores, militando contra eles, escrevendo textos panfletários nos quais atacava a "música judia". Meyerbeer, Halévy, está claro, eram judeus.

Mas sem o *grand opéra*, com seus grandes efeitos, conclamando os acontecimentos históricos mesclados com paixões individuais, Wagner não seria possível, nem *Boris Gudunov* ou *Kovanchina*, nem o Verdi de *Vespri Siciliani*, *Don Carlo* ou *Aida*. Sem o *grand opéra* não seria possível *Il Guarany*.

Não apenas. *Il Guarany* inseriu, na Itália, as formas francesas. Verdi havia trabalhado para Paris com *I Vespri Siciliani* e *Don Carlo*, submetendo-se, até um certo ponto, às regras precisas do gênero. Por assim dizer, Verdi adaptava suas intuições musicais àquelas exigências, que lhe permitiram, por sinal, amadurecer seu modo de criar, a partir daí mais refletido e lento. No entanto, essas duas óperas admiráveis não assumem plenamente o gênero – elas parecem antes o fruto de compromissos.

Il Guarany é, ao contrário, a primeira obra realizada na Itália que encarna, de modo pleno e enérgico, as formas do *grand opéra*. Vale insistir: *Se Sa Minga* e *Nella Luna* foram as primeiras revistas teatrais a serem apresentadas na Itália[6], o gênero era eminentemente francês, e a arte de Carlos Gomes deixa-se, nelas, permear-se por Offenbach. Desse modo, o compositor brasileiro faz descobrir, aos italianos, uma nova forma teatral, estabelecendo uma ponte entre Paris e Milão.

Um acontecimento de grande impacto no universo operístico dos anos de 1860, com repercussões imediatas provavelmente mais amplas do que *Tristão*, *Os Mestres Cantores* ou *D. Carlo*, foi a estréia de *L'africaine*, em 1865. Meyerbeer, seu autor, havia falecido um ano antes, no apogeu de uma glória incomparável.

L'africaine inspira-se, de modo longínquo, nos *Lusíadas*: o poema de Camões entrara na cultura francesa pelo menos desde o século XVIII, fora comentado por Voltaire; conheceu, no século XIX, a tradução de Millié, bastante fiel, de 1825; e uma outra, de Ortaire, Fournier e Deslalande, anotada por Ferdinand Denis. Era admirado por clássicos e românticos. O libreto de Scribe, na ópera de Meyerbeer, conta a história da viagem de Vasco da Gama, seus amores imaginários com uma africana chamada Selika, e incorpora, dos *Lusíadas*, o gigante Adamastor, numa ária para barítono. Celebra o exotismo sensual e exótico, não apenas pelos amores inter-raciais, mas ainda em situações deliquescentes: a negra Selika morre asfixiada pelo perfume da mancenilha, como a mestiça Isabel, no romance de Alencar, sufoca-se e expira num quarto saturado de resinas aromáticas; como a etíope Aída e seu amado Radamés se extinguem enterrados vivos numa câmara tumular; como a indiana Lakmé, de pele morena, suicida-se, na ópera de Delibes, ao mastigar as folhas da venenosa *datura*.

Os amores inter-raciais, o mágico poder das plantas bizarras, as situações eróticas, encontram-se presentes em *Il*

---

6. Cf. Marcus Góes, *Carlos Gomes – A Força Indômita*, Pará, Secult, 1996.

Guarany. Mas *Il Guarany* traz também outros elementos, costumeiros ou obrigatórios, do gênero *grand opéra*: preces, invocações sagradas ou cerimônias religiosas, balada para o soprano, canção de brinde para o barítono (para a qual Carlos Gomes vai buscar inspiração nas *zarzuelas*, Gonzales sendo um personagem espanhol) e, sobretudo, o balé no terceiro ato.

Sem *L'africaine, Aida* não teria sido possível. No entanto, entre *L'africaine* e *Aida*, encontra-se *Il Guarany*; testemunho evidente é a música do balé: se o modelo genérico é Meyerbeer, os ritmos e desenhos melódicos de *Aida* mostram que Verdi não foi surdo à composição de Gomes. Antes de *Aida, Il Guarany* impõe, de modo novo para ouvidos italianos, uma síntese entre melodismo inspirado, exotismo embriagador e a estrutura ampla, concertada do *grand opéra*.

Para se ter uma idéia das novidades que *Il Guarany* apresenta, em 1870, é preciso ouvir um dos maiores acontecimentos daqueles anos: o *Ruy Blas*, de Marchetti, apresentado em 1869 e que correu o mundo com um sucesso tremendo, para, em seguida, desaparecer de todos os teatros. As deliciosas melodias dessa ópera não escondem a musicalidade rasa, a insistência num tema simples, incessante, o arcaísmo estreito diante de todas as renovações que se operavam naquela década, o convencionalismo das soluções musicais. *Il Guarany* é de outra têmpera e de outra grandeza.

Carlos Gomes condensa um conjunto de notáveis forças internacionais dentro de suas obras. Não tem nada do provinciano ou do epígono. Projetado num redemoinho, onde se juntam correntes de várias culturas, encontra em si os meios para novos impulsos.

Porém, a universalidade de sua música foi, de um certo modo, prejudicial, ao ser observada a partir do Brasil. É preciso, primeiro, lembrarmos que as considerações acima estabelecidas são recentes, de nossos dias, quando a ópera voltou a ser reconsiderada com seriedade e sem preconceitos. Em seguida, a ótica nacionalista, que, aliada à hegemonia da modernidade, durante tanto tempo estreitou a perspectiva cultural de nosso país, pôs em dúvida a "brasilidade" do compositor.

A questão do caráter nacional na música brasileira sempre foi um ponto sensível no interior da cultura moderna do Brasil. Faz pouco tempo, ou mesmo, ainda hoje, as polêmicas levantadas em torno desse problema mostravam-se vivas, tocando artistas e teóricos contemporâneos, cujas posições militantes revelam ou ocultam certos aspectos do problema, segundo as correntes de pensamento ou as necessidades das argumentações. Questão ainda efervescente: parece impossível dominá-la em sua totalidade, como se o recuo necessário de tempo tardasse, para que cada aspecto possa tomar proporções plausíveis. Não estamos mais, é certo, nos tempos de um nacionalismo hegemônico, que estreitou tanto os caminhos de nossa cultura. Mas não produzimos, de modo suficiente, estudos para que posturas mais abertas pudessem definitivamente se instalar, em todos os campos, com plenitude e com todas as dimensões críticas.

Inquietações espinhosas, portanto, que legitimam a questão simples, mas ainda hoje, por vezes, colocada: era Carlos Gomes italiano ou brasileiro?

Os laços de Carlos Gomes com o Brasil foram tecidos pelo próprio compositor. Eles são assegurados por *Il Guarany* e por *Lo Schiavo*, duas óperas de tema nacional; e ainda pela relação amistosa com o imperador, pelo fato de que Gomes voltava regularmente ao Brasil para dar representações de suas ópera e porque exprime, como nenhum outro artista antes, a presença da cultura brasileira no mundo.

Além disso, o homem era indiscutivelmente brasileiro. Suas cartas, com freqüência escritas num português pitoresco e regional, testemunham uma ligação menos à idéia retórica de pátria do que a um certo cotidiano provincial, a certos hábitos e comportamentos, a uma comida paulista que ele evoca prazerosamente com freqüência e que, de modo manifesto, lhe fazem falta na Europa. Algumas dessas cartas são particularmente tocantes, como é o caso daquela publicada em fac-símile na Revista Brasileira de Música de 1936, e aqui reproduzida com a ortografia original.

Milão 3 de fev 1895
    Viva Mimi
      Viva Corina
        Viva Alfredo
          Viva Mamãe Maragliano!

Manifesto
  Em casa Gelli irei quintafeira
prefirindo aceitar o convite de hoje
sendo natalicio e festa de Mimi.
Dia de annos não se muda.
Esperem-me com Itala *verso*
cinco horas. Lá vae o velho!
Preparem um *quitute* levado do
diabo; não se esqueçam do revirado
*paçoca, pirão, cambuquira, picadinho,
quibebe, cuscus de guaruguaru, lambary
do Tamanduatehy, caranguejos, pipóca, quingombô,
Canjica, mingao de araruta.*   Içà,
                Tanajura
                Cará
                Mandioca,
//
2
*Angú de fubá, camarão com palmito,
ropavelha com malagueta* (ahi!)
No fim a *garápa, rapadura, pé de mu-
leque, cocada, torrada, mandoby* e
mangaritos, batata doce
Fructas não precisão muitas: bastam
melancias,
melões,
Ingá,
cana assada,
jaboticaba (do mato mesmo serve)
Guaviróba,
Jambo,
Pitanga
Uvalha (azeda mesmo serve)
Araçá
Banana maçã
Jáca e
Abobora
Se houver pinhão cosido ou torrado que
venha elle, ma não se encomodem.

//

A final, para não dar mto trabalho
ao copeiro, basta a *pinguinha do Mó*,
paraty e mesmo a *cachaça*
– E depois d'isto o que mais?
– Depois d'isto só voltando pr'a caza
torrado, na chuva!

Mas seriamente! não se esqueçam do
melado e farinha de milho: ouviram?
Está dito: ponham tudo na meza
sem faltar nada, pois la vae o
Velho Amigo Tonico
Chamado
Carlos Gomes

P.S.
São 4 horas da madrugada
Este pequeno *menu* chegará ao destino al'8 [7].

Carlos Gomes jamais desejou se naturalizar italiano e, quando inimigos o acusam de havê-lo feito, ele se apressa em pedir um atestado ao cônsul brasileiro em Turim, confirmando sua nacionalidade de origem.

Nessa óptica individual, sua mansão à margem do lago de Como, em Maggianico, perto de Lecco, toma uma dimensão quase simbólica. Diante de uma paisagem esplêndida e nes-

---

7. Essa carta foi publicada em fac-símile na *Revista Brasileira de Música*, número especial comemorativo do centenário do nascimento de Carlos Gomes (1936), Instituto Nacional de Música, Universidade do Rio de Janeiro. O fac-símile ilustra o artigo de Itala Gomes Vaz de Carvalho, "Carlos Gomes intimo" (pp. 117 e ss.). A autora comenta assim o texto: "...lembro-me de um anniversario natalicio de nossa eminente cantora patricia D. Clotilde Maragliano, em casa de quem meu Pae acceitou almoçar, após ter avisado de sua ida com um fantastico *menu* (de pratos regionaes) que representa, sob outra face, mais um documento da profunda *brazilidade* de Carlos Gomes nos seus menores detalhes.

Como se teria elle lembrado em Milão, na terra da polenta e do macarrão, de todos aquelles petiscos tão brasileiros, tão *caipiras*, em que se exterioriza a intensa nostalgia de tudo quanto é da patria distante? A saudade do Maestro devia ser entranhadamente vibrante em sua natureza."

Note-se que a publicação desse texto por sua filha, em 1936, quando os modernos contestavam não apenas a genialidade do compositor, mas ainda sua "brasilidade", afigura-se como sintoma de uma defesa do caráter autêntico atacado. (Respeitada a ortografia de origem)

"Villa" construída por Carlos Gomes em Maggianico.

ses locais românticos caros aos *scapigliati*, Carlos Gomes constrói uma suntuosa *pallazzina*, que absorverá somas muito elevadas e que será obrigado a vender em 1887. Ele a chama *Villa Brasilia*. Enche o jardim com animais brasileiros, macaquinhos, pássaros, papagaios, arapongas, patativas, sabiás; tenta plantar uma vegetação tropical. Seu barco, pintado de verde e amarelo, chama-se *Pindamonhangaba*. Tal palácio, no meio de um parque imenso e magnífico, é o testemunho palpável de sua glória. Ora, Antônio Carlos Gomes entende que essa glória seja também a de seu país. Assim, uma bandeira brasileira flutuava sobre o teto e, no solo, mosaicos desenham uma espécie de ideograma: uma lira, rodeada por um ramo de café e um de tabaco – as duas riquezas do Brasil que figuravam na bandeira imperial. Em baixo, a divisa: *Pro Brasilia*.

Há também uma importante dimensão pessoal: os italianos jamais deixaram de ver em Carlos Gomes uma aparência exótica e sedutora, que era talvez real fisicamente, mas que existiu sobretudo no imaginário deles. As críticas, as descrições dos jornais, gostavam de identificá-lo aos personagens de *Il Guarany*. Eis alguns exemplos, que poderiam ser multiplicados, em que sobressai seu caráter de "selvagem das Américas".

Um retrato, pela *Gazzeta Musicale di Milano*:

> Quando Gomes vai por nossas ruas – sempre só e absorvido em seus pensamentos –, dir-se-ia um selvagem transportado por mágica em pleno coração de Milão [...]. Tem um coração nobre e generoso [...] mas ama, adora, se entusiasma ao seu modo: o de um verdadeiro selvagem [...]. É um fidalgo: nele, tudo é nobre, mas de uma nobreza toda nua, uma nobreza primitiva, aborígine.

E depois de uma descrição detalhada de seu físico, o texto conclui: "Tudo isto nos diz, indiscutivelmente, que Gomes é um aborígine americano".

Gustavo Minelli, em 1878, se lembra da estréia de *Il Guarany*. Gomes não queria vir agradecer aos aplausos e foi preciso arrastá-lo diante do público "como um verdadeiro selvagem que era" – e assim, depois de ter aplaudido os falsos selvagens da ópera, o público podia saudar o autor, que era um autêntico.

Gianpietro Tintori revelou algumas críticas que completam esse retrato[8]. Eis uma delas:

> Carlos Gomes, um pouco selvagem em todas as suas coisas, o é, num grau superlativo, durante os ensaios de suas obras. [...] O maestro está sempre descontente; os executantes sempre terrivelmente desesperados; eles o são ainda mais durante os ensaios, porque Gomes não fala, não corrige, não repreende, não ensina, não suplica, como fazem todos os outros maestros; nada de tudo isso. Gomes, quando a execução não segue suas idéias, levanta-se da cadeira, esconde suas mãos em sua cabeleira leonina, põe-se a correr como um possesso no palco; lança gritos ensurdecedores, que se assemelham perfeitamente ao *árido selvagem* do *Guarany* [...].

---

8. *Catálogo...*, p. 26.

Ghislanzoni, libretista e amigo de Gomes, o trata sempre, afetuosamente, de "selvagem". É Itala Gomes, a filha do compositor, que transcreve uma passagem, bastante extraordinária, escrita pelo poeta, cujo tom lembra, involuntariamente, o chamado de um apresentador circense – um selvagem, mas aproximem-se, ele é manso:

> Ghislanzoni, o celebre poeta e librettista italiano, grande amigo de Carlos Gomes, que com elle convivera em Maggianico e Lecco aos tempos da collaboração do Salvador Rosa, definiu esculpturalmente, em poucas palavras, a figura de meu pae:
> – "Este selvagem", – disse o poeta – "elegante e caprichoso, que se esconde ás vezes como um jaguar atraz das moitas de lilazes e de rosas para brincar com as crianças, é um dos caracteres mais nobres e honestos que jamais conheci!
> Não tenham medo! Aproximem-se e apertem-lhe as mãos com amizade e confiança! As que elle vos tende, com nobre altivez, são as mãos de um gentilhomem e o coração que acompanha seu vigoroso amplexo, é um coração exhuberante de ternura e de todo e qualquer sentimento de bondade"[9].

Significativa entre todas, é a crítica da *Gazzetta Musicale*, de 1878, por ocasião da reapresentação de *Fosca*, no teatro Alla Scala. O tema da *Fosca* é veneziano, tendo sido inspirado por uma novela do marquês Capranica, *La Festa delle Marie*. Ora, o crítico da *Gazzetta* consegue ouvir, nessa ópera, traços de exótica e brasileira barbárie:

> da *Fosca* de Gomes, que foi dada estes dias em nosso *Scala*, é possível dizer que se trata de uma ópera quase completamente nova, tendo pouco em comum com o antigo melodrama do ilustre maestro brasileiro [...]. Na *Fosca*, até agora o melhor trabalho do maestro americano, Gomes extravasou toda sua inspiração de poeta selvagem. As últimas notas do "gran finale" são um grito bárbaro de guerra que, entre todos os maestros, só Gomes podia traduzir em música com tanta filosofia e tanto efeito.

Desse modo, a barbárie do compositor lhe é intrínseca, mesmo quando compõe uma ópera inteiramente européia.

---

9. Itala Gomes Vaz de Carvalho, *op. cit.*, p. 117 (Respeitada a ortografia de origem).

É preciso notar que a crítica e o meio musical italiano sempre trataram Carlos Gomes com afeto e respeito. Em nenhum momento suas origens brasileiras são vistas de modo pejorativo. Muito ao contrário, a idéia de "selvagem", que surge com freqüência nos escritos sobre ele, é altamente positiva: nobre selvagem, como Peri, como os índios de Alencar, ela surge nesses textos associada a um artista carregado de uma vibração, de uma força criadora vigorosa e nova, cuja fonte última encontra-se em suas origens. São projeções dos italianos, que conferem ao compositor uma certa especificidade, que aumentam seu prestígio e sua sedução.

Assim, o caso preciso de Carlos Gomes, a questão de sua música ser brasileira não pode ser decidida pelo meio de um caráter intrínseca e formalmente nacional. O indianismo, criação de um romantismo em busca de suas raízes nacionais, encontra suas fontes mais poderosas na Europa, Chateaubriand constituindo-se como modelo maior. Nobre e forte, o bom selvagem tornou-se a própria imagem tanto do Império quanto do caráter brasileiro: Carlos Gomes faz o índio cantar em italiano; pouco importa, esse caráter brasileiro é assim afirmado na grande cultura do Ocidente.

Na verdade, o Brasil tinha sido atingido pelo romantismo internacional, como ocorrera na cultura de outros países, e o romantismo estimulou justamente a exacerbação dessas nacionalidades que começavam a se afirmar. Com Carlos Gomes, há um movimento de retorno, extraordinariamente prestigioso, de repercussão internacional, que reforça a posição do compositor dentro de sua cultura de origem.

No entanto, a partir do movimento modernista, que ocorre no Brasil durante os anos de 1920, a posição de Carlos Gomes foi profundamente contestada. Primeiro, porque ele é um compositor de óperas, gênero que parecia envelhecido e pomposo, antimoderno por excelência. A geração iconoclasta que havia introduzido os novos valores culturais da modernidade no Brasil só podia rir desse compositor de óperas e desprezá-lo: o gênero parecia então vulgar, fácil, de mau gosto. Oswald de Andrade o chamaria de "operista imbecil". É conhecida a caricatura de Belmonte em que se vê o grupo dos modernos carregando tabuletas contra os passadistas. No lado direito, aparece Oswald de Andrade tocando um instrumento bizarro. No alto, a tabuleta diz: "Carlos Gomes é burro".

Além disso, a modernidade fez acompanhar-se por uma vontade clara de atingir as fontes nacionais "verdadeiras", "autênticas". Os índios de Carlos Gomes, soltando agudos em italiano, pareciam uma insuportáveis porque grotescos.

Se Mário de Andrade pôde nuançar essas posições excessivamente radicais no seu *Ensaio sobre a Música Brasileira*, manifesto-programa de 1928, foi por um prodigioso esforço de análise que ele chegou a encontrar na música de Carlos Gomes algo de "brasileiro", detectando um espírito nacional que se revelaria pouco a pouco na história da música de nosso país – e não apenas da música, está claro, mas das outras artes também. Eu cito:

> Na obra de José Mauricio e mais fortemente na de Carlos Gomes, Levy, Glauco Velasquez, a gente percebe um não-sei-quê indefinivel, um rúim que não é rúim propriamente, é um *rúim exquisito* pra me utilizar de uma frase de Manuel Bandeira. Esse não-sei-quê vago vago mas geral é uma primeira fatalidade de raça badalando ao longe[10].

Quer dizer, um "defeito" na música de Carlos Gomes significa uma desobediência às regras estilísticas italianas ou internacionais; na sua bizarrice, o caráter brasileiro encontrar-se-ia em germe.

Uma confrontação entre o músico e o escritor se revela muito significativa. Mário de Andrade, coerente com seu projeto de formação de uma cultura profundamente brasileira, recusou qualquer viagem à Europa a fim de preservar sua especificidade nacional de perturbações estrangeiras. Considerava também que o papel do gênio é quase nocivo à formação da cultura de um país, pois o gênio se lhe aparecia como a afirmação de uma individualidade isolada, contrariando assim a expressão coletiva.

Em sua poética, o Tietê, rio que, ao se distanciar do oceano, avança terra a dentro, é simbólico, pois arrasta o poeta

---

10. Mário de Andrade, *Ensaio sobre a Música Brasileira*, São Paulo, Martins, 1962, p. 17 (Respeitada a ortografia de origem).

longe das "tempestades do Atlântico", evocadoras ao mesmo tempo da efervescência do espírito criador genial e da travessia para a Europa. Carlos Gomes – o inspirado, o descabelado, o italiano, mas também, paradoxalmente, o brasileiro – torna-se a imagem oposta, o "contraposto" de Mário de Andrade.

Para a grande maioria dos julgamentos modernistas, Carlos Gomes era inteiramente europeu e, é preciso admitir, mesmo assumindo o malabarismo de Mário de Andrade, o caráter brasileiro de sua obra mostra-se bem restrito. É preciso insistir? – esses critérios de exclusão não compreendem a idéia, essencial, de um *cruzamento cultural*, inimigo da hipotética e impossível pureza nacional pregada naqueles tempos.

A modernidade – por sua vez – tinha engendrado um outro músico, comparável ao compositor de Campinas, mas que também lhe era radicalmente oposto: Villa-Lobos. Da mesma maneira que Carlos Gomes, Villa-Lobos fez a travessia do Atlântico, e triunfou além-mar. Mas seu triunfo parecia ter chegado sem o abandono de uma musicalidade profundamente brasileira.

De perto, essa "musicalidade profundamente brasileira" parece bem mais ambígua. Trabalhar sobre Villa-Lobos é, de qualquer forma, delicado. Começando pelo fato de que ele é como um iceberg: deixa emergir muito pouco, em relação ao que fica escondido. Existem, está claro, algumas boas biografias, e uma arrolamento catalográfico de suas obras. Mas nenhum trabalho de fundo e de conjunto foi feito até agora sobre o autor das *Bachianas*, seu catálogo crítico não foi ainda estabelecido. É preciso desejar muita paciência para quem decidir organizá-lo, porque o próprio Villa-Lobos encarregava-se de falsificar dados com uma ousadia e uma impudência ímpar. Mesmo sua data de nascimento, ele fez mudar várias vezes, situando-a entre 1881 e 1890! É como no capítulo onze de *Macunaíma*: "Mas, meus cuidados, praquê você fala que foram dois veados e em vez foram dois ratos chamuscados! – Eu menti, não foi por querer não..."

Como descobrir a data exata de várias de suas composições se Villa-Lobos empregava um critério cronológico "espiritual" ou "espírita", como diz Mário de Andrade em *O Mundo Musical*? Villa-Lobos fazia, dessa maneira, recuar várias composições de vários anos. Uma das intenções esperadas era demonstrar que o caráter brasileiro de sua música existia desde cedo, mesmo quando ele compunha, de fato, num espírito inteiramente francês e internacional. Era uma despudorada legitimação de precocidade nacionalista.

Assim, uma atitude necessária para, no mínimo, qualquer precaução metodológica no que concerne o estudo da obra do compositor, é levar a todas as conseqüências as observações de Lisa Peppercorn em seu artigo publicado em *The Music Review*, de fevereiro 1943[11], referentes a antedatação de suas peças. Se Mário de Andrade retoma essas indicações em *O Mundo Musical*[12], não sei de outro estudioso do compositor que tenha aprendido a lição. Essas conseqüências impõem a precaução prévia de não se poder confiar nas informações de Villa-Lobos. É preciso, no que concerne as datas, que provas documentais realmente insuspeitas venham garantir a referência. E isso, como veremos, é capital – entre outras coisas –, para se compreender a célebre "alma brasileira", que seria própria a Villa-Lobos.

Mário de Andrade raciocina:

Inquieta com esses arranjos muitas vezes feitos sobre obras... ainda não escritas, e visivelmente informada pelo próprio compositor, o crítico [Lisa Peppercorn] nos conta que "Villa-Lobos chama isso reescrever uma obra, sendo interessante também que essas músicas são datadas do ano em que foram espiritualmente concebidas, e não do momento em que foram realmente compostas". Eu tenho a idéia de que essa foi a explicação inventada por Villa-Lobos no momento, prá justificar as suas audácias, mas desde muito me sinto na obrigação de duvidar as datas com que o grande compositor antedata muito das suas obras, na presunção de se tornar genial pioneiro em tudo.

No número de "Música Viva"[13] dedicado a Villa-Lobos a que o autor do "Amazonas" forneceu a relação de suas obras, estas vêm acompanhadas cuidadosamente das datas em que foram, ponhamos, "espiritualmente" ou

---

11. Lisa M. Peppercorn, "Some Aspects of Villa-Lobos' Principles of Composition", *The Music Review*, vol. IV, nº 1, fev. 1943.
12. *Apud* Jorge Coli, *Música Final*, Ed. Unicamp, 1998, pp. 169 e ss.
13. O texto ao qual Mário de Andrade se refere aqui é "Casos e Fatos Importantes sobre H. Villa-Lobos numa Biografia Autêntica e Resumida", *Música Viva*, ano 1, 7-8, jan.-fev. 1941, pp. 13-15.

espiritistamente concebidas... Por desgraça, nem isso é verdade, e custa a crer que o artista se arrojasse a semelhantes ilusões. Aí Villa-Lobos coloca certas obras brasileiras dele na década de 1910 e 1920, como as "Cirandas" e as "Cirandinhas", que foram muito posteriormente tanto compostas quanto concebidas[14].

Mário de Andrade revela então a história das *Cirandas*, que ele estimulara e acompanhara a criação, testemunhando assim sobre o caráter fantasioso das afirmações do compositor.

É legítimo ainda indagar que significam, realmente, as viagens iniciáticas e míticas da juventude de Villa-Lobos pelo Brasil afora, enquanto contribuição para sua brasilidade compositiva, tal como ele as propalava? Marcel Beaufils, por meio do testemunho de Casadesus, e Vasco Mariz, a partir de um artigo de Lucie Delarue-Mardrus, narram as histórias inverossímeis contadas por Villa-Lobos em Paris: como um novo Peri de Carlos Gomes, ele teria sido feito prisioneiro dos índios. Aproveitava então para aprender de cor os belos cantos dos selvagens que o torturavam. A alguém que lhe perguntava se, por , teria, nessas ocasiões, praticado a antropofagia, ele confessa ter comido carne de criança com os índios. Teria tocado, num fonógrafo, música ocidental: enfurecidos, os índios precipitavam-se para destruir o aparelho. Mas, substituindo a gravação, a máquina transmitia canções indígenas e se transformava imediatamente em divindade: diante dela, toda a taba se prosterna em adoração. Ironia, imaginário, blague e impostura se mesclam. Até onde pode, de fato, ir nossa confiança nos testemunhos do compositor a respeito de seu período de formação, enquanto todas as fontes não forem controladas?

Mário de Andrade lembra, em "Villa-Lobos I e II"[15], o caráter altamente internacional das peças apresentadas pelo compositor na Semana de Arte Moderna, e isso porque Villa-Lobos não devia ter muita coisa "brasileira" para mostrar. É fato que suas composições anteriores a 1922 são, em sua es-

---

14. *Apud* Jorge Coli, *op. cit.*, pp. 169 e ss., p. 383.
15. *Mundo Musical*, *apud* Jorge Coli, *op. cit.*, pp. 169 e ss.

magadora maioria, de um galicismo indiscutível: da admirável sonata para violino e piano *Desespérance* (em francês no título!) – na qual a presença de Franck e Chausson talvez seja menos superficial que a de Debussy, esta última lembrada por Eurico Nogueira França[16]; ao *Naufrágio do Kleónicos*, no qual o cisne negro que sobreviveu canta como o de Saint-Saëns; passando por *Izaht*, cujo libreto, escrito pelo compositor, coloca em cena apaches de Montmartre; ou pelas sinfonias de guerra (equivalentes musicais do empenho pró-francês encontrado em *Há uma Gota de Sangue em Cada Poema*, de Mário de Andrade; a sinfonia *Vitória* comporta uma citação da *Marselhesa* e é composta sobre o modelo cíclico de Vincent d'Indy); e chegando à *Prole do Bebê*, de insofismável debussysmo. Como já foi assinalado, as *Cirandas* e as *Cirandinhas* aparecem como desse período na relação de obras oferecida pelo compositor – Mário de Andrade denuncia a fraude, e hoje nenhuma cronologia séria aceita tal datação.

O caso de *Uirapuru*, desse ponto de vista, é particularmente interessante. Com *Amazonas*, é considerado a primeira franca irrupção de "brasilidade" na obra do compositor. Ora, *Uirapuru* foi estreado em Buenos Aires, em 1935. Bruno Kieffer, em seu *Villa-Lobos e o Modernismo na Música Brasileira*[17], a partir de Peppercorn, assinala que Villa-Lobos, "em 1917, teria apenas composto o projeto para piano de *Uirapuru*, elaborando somente em 1934 a partitura para orquestra".

Kieffer examinou os originais autógrafos da partitura para piano e orquestra:

> Ambas têm a assinatura de Villa-Lobos no cabeçalho e a indicação: "Rio 1917". No fim da partitura para orquestra consta: "Fim Rio, 1917, reformado em 1934". Segue a rubrica do compositor. Cremos que também do ponto de vista grafológico há identidade entre os cabeçalhos da partitura para a orquestra e a redução para piano.

---

16. Eurico Nogueira França, *A Evolução de Villa-Lobos na Música de Câmara*, Rio de Janeiro, SEAC/MEC/Museu Villa-Lobos, 1979.

17. Bruno Kieffer, *Villa-Lobos e o Modernismo na Música Brasileira*, Porto-Alegre, Movimento, 1981, p. 47.

Mas o episódio das *Cirandas* indica que, com Villa-Lobos, todas as fraudes eram "cuidadosamente" possíveis, mesmo a de inscrever uma data muito anterior sobre uma partitura – com o álibi de ali assinalar uma primeiríssima proto-concepção da obra. Mário de Andrade não acreditava muito, também, na data de origem de *Amazonas*, 1917. Nesse caso, seja como for, existe uma primeira composição, de 1916, executada em 1918, baseada num conto do pai de Villa-Lobos, *Myremis*; em *Amazonas*, executada pela primeira vez em 1929. Villa-Lobos substitui nomes e personagens. A "bela virgem grega, abençoada pelos deuses da mitologia" torna-se "bela virgem, abençoada pelos deuses das florestas do Amazonas", assim como o rio se transmuta de Archeló em Amazonas. A trama é sensivelmente a mesma[18]. Ou seja, bastou uma mudança rápida e superficial de nomes e lugares, num tema originalmente clássico, grego, que lhe inspira a música, para que a obra, dez anos depois, se transformasse numa expressão de nacionalidade autenticamente brasileira...

No que concerne *Uirapuru*, resta o fato, até prova do contrário, de que não há notícia da obra anterior a 1934, quando é dedicada a Serge Lifar. Mas se, apesar de tudo, aceitamos a data de 1917, então é preciso concordar com a análise de Kieffer:

> Abstraindo da evolução de Villa-Lobos no tocante ao domínio de seu "métier" de compositor, deixando ainda eventuais sombras pessoais em obras marcadamente francesas (e isto até as vésperas da Semana de Arte Moderna), a análise das composições anteriores a 1922 força a impressão de que o aparecimento da personalidade – que se tornaria muito marcada de Heitor Villa-Lobos, bem como de características telúricas e/ou populares, veiculadas por uma linguagem típica do século XX, processou-se de um modo irruptivo e não evolutivo linear! O poema sinfônico *Uirapuru* é uma das manifestações de tal irrupção.

Ora, com as chaves que Mário de Andrade nos fornece, o caminho é muito mais simples, e mais... verossímil. Não seremos, assim, obrigados a aceitar a hipótese de uma irrupção

---

18. Cf., particularmente, a análise de Simon Wright, *Villa-Lobos*, Oxford, Oxford University Press, 1992, p. 13.

miraculosa de modernidade nacionalista antes do tempo. Basta assumirmos que, *bel et bien*, Villa-Lobos simplesmente prédatou as obras[19].

Isso é fundamental, porque permite derrubar por terra o mito, a crença numa brasilidade autenticamente surgida da personalidade de Villa-Lobos, impregnada de um ser "nacional" desde sua gênese infanto-juvenil. Ao invés do mito prodigioso, teríamos o "constructo", *a posteriori*, muito mais plausível. Pois é preciso lembrar que, de todos os modos, apenas com os *Choros*, nos anos de 1920, o caráter francamente brasileiro de Villa-Lobos se afirma. Isto é, no momento de suas longas e freqüentes estadas em Paris.

Ao visitar Paris e o restante da Europa na década de 20 (escreve o musicólogo finlandês Eero Taarasti[20]) Villa-Lobos compreendeu qual a posição social do compositor na Europa naquele momento: ele interessava ao mundo musical europeu acima de tudo como um intérprete de brasilidade, com os ritmos de força primitiva de suas composições, harmonias próprias, melodias folclóricas que refletem a variedade das cores do trópico.

Parece bem claro que Villa-Lobos fazia "render" o exotismo. Villa-Lobos sabia que os europeus desejavam "les saveurs et les accents de sensuel exotisme", na imagem que Cortot, em seu *La musique française de piano*[21], criou para caracterizá-lo

---

19. O catálogo *Villa-Lobos sua Obra*, Rio de Janeiro, MinC – SPHAN/Pró-Memória, Museu Villa-Lobos, 1989 (3ª edição revista e aumentada), assinala, na p. 60, que o poema sinfônico *Tédio de Alvorada,* do qual só restou um fólio manuscrito, é uma obra que foi "transformada posterirormente no bailado 'Uirapuru' ". *Tédio de Alvorada* é, como *Myremis*, ambientada na Grécia Antiga. Se, de fato, foi transformado em *Uirapuru*, isso vem confirmar que a natureza "nacional" dessa música é um construto – como o de todas as músicas "nacionais" – mais fragilizado, porém, quando descobrimos a metamorfose de gregos em índios.
20. Eero Taarasti, "Villa-Lobos – Ser Sinfônico dos Trópicos", *Presença de Villa-Lobos*, nº 9, Rio de Janeiro, MEC/SEAC/Museu Villa-Lobos, 1980, p. 56.
21. Alfred Cortot, *La musique française de piano*, Paris, PUF, 1981.

e a Darius Milhaud. Genialidade a parte, Villa-Lobos escrevia então música brasileira na Europa, garantindo assim seu lugar de compositor "tropical". Eram os mesmos tempos em que Paulo Prado dizia que Oswald de Andrade descobrira o Brasil na Place Saint-Michel, inventando a Antropofagia em Paris.

Portanto, Villa-Lobos fazia música brasileira na Europa, assegurando assim seu lugar de compositor tropical. Quando Henri Prunnières exalta o caráter exótico das obras que Villa-Lobos apresenta na Europa, Mário de Andrade se escandaliza, porque Prunnières se atém ao pitoresco e faz dele a grande virtude dessas composições.

Mário de Andrade não demonstra consciência de quanto Villa-Lobos é cúmplice desse estado de coisas e se revolta, porque seu projeto é alguma coisa de "profundo" e de "sério": nada de brasileirismos para francês ouvir, mas a construção consciente de um inconsciente artístico, coletivo e brasileiro. Sobre Villa-Lobos, no *Ensaio sobre a Música Brasileira*, Mário de Andrade afirma: "Mesmo antes da pseudo-música indígena de agora, Villa-Lobos era um grande compositor".

Dessa maneira, a comparação com Carlos Gomes, que parecia tão contrastante, o é apenas em aparência[22]. No fundo, com Villa-Lobos, e não apenas por causa de suas mistificações, as possibilidades de equívoco são maiores. Florent Schmitt dizia que Villa-Lobos era um "neo-selvagem" e, na época, convergiam para a Europa as selvagerias do mundo

---

22. Hoje, felizmente, a obra de Carlos Gomes pode ser vista fora dessas envelhecidas querelas nacionalistas, que são injustas, porque simplificadoras. Pois um de seus aspectos apaixonantes se encontra precisamente nessa estranheza que é o resultado de tecidos culturais complexos, fascinantes pela fecundidade de suas tramas ramificadas.

Já era tempo que sua obra fosse redescoberta por um público internacional. A recente gravação de *Il Guarany*, impulsionada pelo prestígio de Placido Domingo, tem, nesse sentido, um papel determinante. O espetáculo de Bonn que lhe deu origem, depois reapresentado em Washington, com montagem de Werner Herzog, veio assinalar a poderosa energia de uma arte capaz de conduzir correntes culturais desenvolvidas no Brasil ao seio do romantismo internacional. *Il Guarany* poderá – esperemos – tomar o papel de ópera por excelência das Américas e abrir o caminho para a incorporação completa e definitiva de Antônio Carlos Gomes na história da música do Ocidente.

inteiro: isso, está claro, porque elas eram solicitadas. Quer dizer, de novo as relações ambíguas se instalam, de novo, de maneira mais radical, os desejos europeus de barbárie estimulariam as criações nacionais exóticas. De novo, e de maneira ainda mais enganosa, os brasileiros se reconheceriam nessa música, descobrindo nela as verdadeiras profundidades da alma nacional.

A ditadura Vargas soube utilizar a música de Carlos Gomes (que se tornou prefixo radiofônico do programa oficial *A Voz do Brasil*) e fez de Villa-Lobos seu aliado oficial. A conseqüência foi a modificação profunda, a partir dos anos de 1930, na produção artística do compositor, o nacional descambando muito facilmente no nacionalismo. A associação de Villa-Lobos com o Estado Novo, além de um programa de músicas de propaganda e um outro pedagógico, nas escolas, tornou o compositor menos "ousado". Sua música perde o caráter "moderno" que possuía nos anos de 1920, quando dialogava estreitamente com as experiências de vanguarda do tempo. Villa-Lobos, músico oficial, ou quase, passou a produzir composições que se queriam brasileiras, mas que se queriam também "grandes obras": é a partir de 1930 que renascem os quartetos de cordas – quintessência das formas "clássicas" – abandonados desde 1917, e as sinfonias. É quando, também, Villa-Lobos inicia o belíssimo ciclo das *Bachianas Brasileiras* – no entanto muito mais bem comportadas que os *Choros* e outras produções feitas na Europa, durante o período precedente.

O exotismo em suas composições foi um fator importante no sucesso internacional de Villa-Lobos. Não exclusivo, está claro: seria absurdo negar o estupendo talento do grande músico.

Pode ser que, de um ponto de vista formal, a música de Villa-Lobos pareça mais "brasileira" – se isso quiser dizer alguma coisa – que a de Carlos Gomes. Pouco importa, a questão fundamental permanece a mesma. Um e outro são reconhecidos como brasileiros pelos brasileiros, e exóticos pelos estrangeiros; num jogo de reflexos, ambos se situam numa cultura ao mesmo tempo internacional e nacional. Na verdade, a brasilidade é fabricada nos imaginários coletivos.

Caricatura de Belmonte sobre a Semana de Arte Moderna.

8. O SENTIMENTO E SUA REPRESENTAÇÃO*

As artes nos habituaram a duas formas amorosas: cristalinas ou sombrias. O *amour fou, amour sublime* dos surrealistas, Romeu e Julieta, Paulo e Virgínia – apesar do destino trágico – fazem parte do primeiro grupo. Em meio aos mais tremendos percalços, esse amor não perde sua pureza e ilumina, como estrela, o negror que o envolve. No segundo, a paixão das mulheres cruéis, impiedosas, arrasta consigo a fatalidade congênita e escura de que é feita: Carmen, Lulu, Fedra, Medéia.

Os filósofos referem-se aos afetos amorosos como uma doença da alma, que a domina por inteiro, que aproxima o indivíduo da loucura. Lírio casto ou planta carnívora, tais afetos possuem em comum sua univocidade. O amor subjuga, no sentido de um tropismo fundamental que simplifica os seres. As *Cartas da Religiosa Portuguesa* exprimem, em clave ele-

---

* Publicado originalmente com o título "Furor, Juramentos e Lágrimas", *Folha de São Paulo (Folhetim)*, 16 fev. 1986.

vada, aquilo que se pode experimentar banalmente em nossas existências. Mariana Alcoforado, escrevendo a seu amante, enuncia assim o tropismo unívoco do amor:

> [...] mas sou, com extrema contrariedade, perseguida incessantemente pelo ódio e pela repulsa que tenho por todas as coisas; a minha família, os meus amigos, este convento me são insuportáveis; tudo o que sou obrigada a fazer, e tudo o que é preciso que eu faça com absoluta necessidade, me é odioso: tenho tantos ciúmes de minha Paixão, que me parece que todas as minhas ações e que todos os meus deveres vos têm os olhos voltados[...]

Análises finíssimas das causas e descrições nuançadas de sentimentos não eliminam a brutalidade da dominação amorosa: a sutileza de Proust não impede a atração desesperada e sem freios de Swann por Odette. E tamanha é a fascinação exercida sobre nós por esse estado de violência dos sentimentos que ele constitui um dos eixos essenciais do imaginário ocidental, tema preponderante em nossa cultura, alimentando obras incontáveis, das mais corriqueiras às mais elaboradas. De modo aguçado, foi dentro dele que o romantismo desenvolveu sua sensibilidade.

Raros os autores que aceitaram o desafio de quebrar esse cristal compacto e tratar de ambigüidades intrínsecas às relações amorosas. Stendhal foi um, entre alguns. *Senso*, de Visconti, enveredou pelo mesmo caminho.

O filme nasce, como se sabe, da novela homônima de Camillo Boito, narração concisa e implacável. Ela nos mostra uma condessa Livia Serpieri perfeitamente vil. Aos dezesseis anos brincara com o afeto de um rapaz de sua região, levando-o à tentativa de suicídio e finalmente à morte num campo de batalha, que ela não sabe sequer situar exatamente. Escolhe um marido velho, que a repugna, mas que lhe dá o luxo e a liberdade desejados. Termina por ser atraída por um oficial do exército austríaco, que então ocupava o Norte da Itália: jovem belíssimo, misto de Alcides e de Adonis, cujas formas físicas e espírito vicioso exercem sobre ela um violento poder de sedução: "Forte, bello, perverso, ville, mi piacque".

Encontramo-nos aqui num mundo que se compraz com as transgressões, que assume poses de cinismo, vício ou crueldade, atitudes que os decadentistas – D'Annunzio, por exemplo – iriam desenvolver mais tarde, e que Stendhal anunciava com a história daquela nobre italiana murmurando, após saborear uma colherada de sorvete num dia tórrido de verão: "Delicioso! pena que não seja um pecado!"

O tenente Remigio e a condessa Livia são dessa laia. Assim, por exemplo, quando o tenente é solicitado pela mãe desesperada de uma criança que se afoga, embora exímio nadador, se nega a entrar n'água, mentindo: não sei nadar.

Sem escrúpulos, recebe dinheiro da amante e, para evitar sua participação na guerra contra os italianos, deve subornar os médicos com uma soma elevada que a condessa lhe fornece. A ligação entre ambos dura até o momento em que, atravessando zonas perigosas, Livia vai a Verona encontrá-lo e se descobre não apenas traída, mas objeto de chacota. Denuncia então Remigio como desertor, com intenção explícita de fazê-lo fuzilar. Depois da execução, recebe no rosto a cusparada de um oficial de serviço.

A novela é notável, e esse resumo breve não permite perceber o quanto a condessa é abjeta, o quanto seu egoísmo – manifestado visualmente pelas imagens de espelho que constantemente a refletem e que ela observa a cada instante – é imenso. Não fora isso, o personagem seria apenas uma vítima, e seu gesto final, em última análise, excusável porque provocado pelo desvario de mulher traída. Mas não: o ódio de Livia se mistura com o prazer de subjugar o amante, friamente, descaradamente: "Tinha a consciência de meu direito; preparei-me para sair, tranqüila, no orgulho de um difícil dever cumprido".

Visconti pôde desenvolver as situações e os personagens; as dimensões do filme, muito mais amplas que os limites da novela, o permitiam. Além disso cria uma inflexão que altera substancialmente a natureza das relações sentimentais e o comportamento dos seres.

Livia mudou inteiramente: não possui nenhum dos traços repugnantes do personagem de Boito. Politicamente é simpática, favorável à causa italiana, diferente da outra Livia, para quem o mundo, a política, a guerra, são apenas um pano de fundo diante do qual se move seu soberbo egoísmo. Mais ainda: a Livia de Visconti ama sinceramente. Esse amor, que é capaz de levá-la a fraquezas imperdoáveis – como a de entregar ao amante o dinheiro dos resistentes italianos que lhe fora confiado – faz dela um personagem atormentado, e a denúncia final é redimida por seu sofrimento. Mas em tudo, nos gestos, nas falas, há um partido fortemente melodramático.

Senso seria então um soberbo melodrama? Múltiplas são as direções do filme, nenhuma exclui a hipótese. A teatralidade, por exemplo, a suntuosidade de uma época reconstituída o atestam. Ou a situação dos personagens: Livia, casada com um colaboracionista – aspecto inexistente na novela – dilacerada entre a fidelidade aos ideais de seu primo Ussoni, militante pela causa italiana, e a paixão pelo tenente austríaco, senhor de um cinismo fascinante que a subjuga por completo.

Entretanto, a questão mais aguda do filme encontra-se numa observação complexa do comportamento sentimental. A primeira chave para a percepção do problema se encontra numa passagem da novela. A situação é a seguinte: no decorrer da narração, feita de lembranças da condessa Livia, ela mantém um *flirt* com um jovem advogado, pelo único prazer da sedução e de transformá-lo num brinquedo entre suas mãos. Mas há um instante em que parece perdê-lo – e então sua raiva explode contra os antigos juramentos do enamorado: "Frases de melodrama. Poucos meses e tudo se esvai. Amor, furor, juramentos, lágrimas, soluços, nada mais resta! Nojenta natureza humana. [...] Como balbuciavam os lábios e pulsavam as artérias e tremiam as mãos e todo o seu ser se arrastava, humilde, sob meus pés!"

Isto é, no comportamento amoroso há um *ser* e um *aparecer*, sintetizado nas "frasi da melodramma". A acuidade da análise viscontiana vai se situar exatamente nessa brecha, entre essa "essência" e esse "manifestar-se". No filme, o eco deste trecho da novela é enunciado durante a cena desenrolada no teatro. O início de *Senso* é deslumbrante, com a manifestação patriótica durante uma representação de *Il Trovatore* no teatro La Fenice. Ânimos exaltados proclamam, diante de uma platéia de militares austríacos, o vigor da causa italiana. Depois do incidente, enquanto Leonora canta o último ato, o tenente pergunta à condessa se aprecia ópera. "Sim", responde ela, "mas não quando ocorre fora do palco, nem quando alguém se comporta como herói de melodrama". A frase foi lançada: o público agiu como personagem de ópera; exaltado, manifesta o sentimento imediato que o habita. Sentimento verdadeiro e manifestação teatral: há uma leve distância entre os dois. Patriotas certamente, mas heróis de ópera também.

Nesse mesmo enfoque se encontra a delicada articulação que Visconti escolheu para construir o personagem da condessa Livia Serpieri. Indiscutivelmente, ela ama, e sofre. Mas os gestos excessivos e o tom grandioso de ópera que o filme possui, embelezam e heroificam as relações. O próprio Visconti declarou, quando da primeira projeção francesa de seu filme, no dia 25 de janeiro de 1966:

> É um filme romântico, a verdadeira veia da ópera italiana aparece nele [...] os personagens dizem frases melodramáticas. Faço questão disso. É que há, na vida, personagens melodramáticos, assim como há, na Sicília, pescadores analfabetos. [...] Fiz os sentimentos expressos no *Trovatore* de Verdi saltarem da ribalta, numa história de guerra e de rebelião...

Essa chave para os sentimentos patrióticos vale também para o amor e permite uma apreensão particular dos afetos românticos. Nesse ponto, de um modo fundamental Visconti encontra Stendhal: há as paixões, os movimentos da alma que se exprimem numa teatralização da vida. Isso não quer dizer falsidade da aparência, ou pose, mas um *viver* teatral. A imagem de si no espelho é a imagem do sentimento e de sua aparência: desse modo, o amor – mantendo-se verdadeiro – não é tão cego assim, pois os seres se amam e se vêm ao mesmo tempo como os heróis de uma história de amor.

Não há nisso a destruição das atitudes românticas pela ironia ou pela condenação. Não se trata de uma denúncia ou de um ataque feitos ao romantismo. Tampouco se trata de uma adesão completa, de uma crença na sinceridade plena desses gestos ou falas, o que tornaria o filme um puro melodrama. Há um recuo, que participa densamente, e com intenso prazer, de violentas emoções sentidas com verdade. Há algo de propiciatório nesses comportamentos: partem das furiosas agitações da alma, mas também as alimentam, dispondo situações que correspondem a elas. Sem abdicar das forças que o constituem – muito ao contrário, nutrindo-se delas – o sentimento se volta para si próprio e revela os arcanos de sua feitura.

    A condessa Serpieri, no filme, denuncia, sofre, e é heroína de seu sentimento diante de si mesma, e diante de nós, espectadores. Visconti, como Stendhal, não encarna ou assume o princípio melodramático da concordância entre os movimentos da alma e os movimentos do corpo. Ambos enveredam pela mais penetrante análise do sentimento romântico, no seu próprio interior, sem sair dele, sem abdicar de sua natureza. Quando o tenente, no fim do filme, diz a Livia: "Não sou o teu herói romântico e não te amo mais", é o romantismo que se mostra a si mesmo, é a ruptura que nos permite vê-lo assim. Morre o oficial para que perdure a história romântica, mas o tropismo unívoco perde sua integridade, pois o amor passa a ser acompanhado pelo seu reflexo.

    Essa pequena distância permite o gozo – trágico ou não, pouco importa – e o conhecimento desse gozo. Ator e espectador ao mesmo tempo, o personagem se enxerga a si próprio: o melodrama, saltando da ribalta, se descobre e não se nega. O amor, a loucura amorosa, deixou de ser irracionalidade pura para tornar-se o gozo requintado dela e também a sua teoria, no sentido etimológico dessa palavra que é, como lembra Alain, tão estreitamente ligada ao nome *teatro*.

MÚSICA NA PERSPECTIVA

Balanço da Bossa e Outras Bossas – Augusto de Campos (D003)
A Música Hoje – Pierre Boulez (D055)
O Jazz, do Rag ao Rock – J. E. Berendt (D109)
Conversas com Igor Stravinski – Igor Stravinski e Robert Craft (D176)
A Música Hoje 2 – Pierre Boulez (D217)
Jazz ao Vivo – Carlos Calado (D227)
O Jazz como Espetáculo – Carlos Calado (D236)
Artigos Musicais – Livio Tragtenberg (D239)
Caymmi: Uma Utopia de Lugar – Antonio Risério (D253)
Indústria Cultural: A Agonia de um Conceito – Paulo Puterman (D264)
Darius Milhaud: Em Pauta – Claude Rostand (D268)
A Paixão Segundo a Ópera – Jorge Coli (D289)
Filosofia da Nova Música – Theodor W. Adorno (E026)
Para Compreender as Músicas de Hoje – H. Barraud (SM01)
Beethoven - Proprietário de um Cérebro – Willy Corrêa de Oliveira (SM02)
Schoenberg – René Leibowitz (SM03)
Apontamentos de Aprendiz – Pierre Boulez (SM04)
Música de Invenção – Augusto de Campos (SM05)
Música de Cena – Livio Tragtenberg (SM06)
A Ópera Barroca Italiana – Lauro Machado Coelho (HO)
A Ópera Italiana no Classicismo – Lauro Machado Coelho (HO)
As Óperas de Mozart – Lauro Machado Coelho (HO)
A Ópera Romântica Italiana – Lauro Machado Coelho (HO)
As Óperas de Verdi – Lauro Machado Coelho (HO)

A Ópera na Itália de 1870 a 1950 – Lauro Machado Coelho (HO)
As Óperas de Puccini – Lauro Machado Coelho (HO)
A Ópera na França – Lauro Machado Coelho (HO)
A Ópera Alemã – Lauro Machado Coelho (HO)
As Óperas de Wagner – Lauro Machado Coelho (HO)
As Óperas de Richard Strauss – Lauro Machado Coelho (HO)
A Ópera na Rússia – Lauro Machado Coelho (HO)
A Ópera Tcheca – Lauro Machado Coelho (HO)
As Escolas Nacionais de Ópera – Lauro Machado Coelho (HO)
A Ópera Contemporânea – Lauro Machado Coelho (HO)
Rítmica – José Eduardo Gramani (LSC)

Impressão e Acabamento
Bartira
Gráfica
(011) 4123-0255